RELIGIÃO SEM DEUS

RELIGIÃO SEM DEUS

Ronald Dworkin

Tradução
Marcelo Brandão Cipolla

Esta obra foi publicada originalmente em inglês, em 2013, com o título
RELIGION WITHOUT GOD por Harvard University Press.

Copyright © 2013, Ronald Dworkin. Publicado em acordo com Harvard University Press.
Copyright © 2019, Editora WMF Martins Fontes Ltda., São Paulo, para a presente edição.

Todos os direitos reservados. Este livro não pode ser reproduzido, no todo ou em parte, armazenado em sistemas eletrônicos recuperáveis nem transmitido por nenhuma forma ou meio eletrônico, mecânico ou outros, sem a prévia autorização por escrito do editor.

1ª edição 2019
2ª tiragem 2022

Tradução
MARCELO BRANDÃO CIPOLLA

Acompanhamento editorial
Fernando Santos
Preparação de texto
Ana Paula Luccisano
Revisões
Solange Martins e Ana Caperuto
Produção gráfica
Geraldo Alves
Capa e edição de arte
Gisleine Scandiuzzi
Paginação
Erik Plácido
Imagem da capa
Starry Sky 16H30M/-50°
© *Ruff, Thomas/AUTVIS, Brasil, 2018.*

Dados Internacionais de Catalogação na Publicação (CIP)
(Câmara Brasileira do Livro, SP, Brasil)

Dworkin, Ronald, 1931-2013.
Religião sem Deus / Ronald Dworkin ; tradução Marcelo Brandão Cipolla. – São Paulo : Editora WMF Martins Fontes, 2019.
Título original: Religion without God.
ISBN: 978-85-469-0171-5

1. Ateísmo 2. Liberdade de religião 3. Religião – Filosofia I. Título.

17-05907   CDD-200

Índices para catálogo sistemático:
1. Religião   200

Todos os direitos desta edição reservados à
Editora WMF Martins Fontes Ltda.
Rua Prof. Laerte Ramos de Carvalho, 133   01325-030   São Paulo   SP   Brasil
Tel. (11) 3293.8150 e-mail: info@wmfmartinsfontes.com.br
http://www.wmfmartinsfontes.com.br

*A Tom – que me iniciou nos mistérios
do temperamento secular*

———————

E a Reni – para sempre

SUMÁRIO

Nota do editor norte-americano   ix

1 Ateísmo religioso?   3
   Introdução   3
   O que é a religião? Seu núcleo metafísico   11
   Ciência religiosa e valor religioso   20
   Mistério e inteligibilidade   27
   Deuses impessoais: Tillich, Espinosa e o panteísmo   28

2 O universo   39
   A física e o sublime   39
   De que modo a beleza pode orientar a pesquisa?   46
   Mas de que espécie de beleza estamos falando?   56
   Simetria?   59
   Acaso o universo "simplesmente é"?   65
   A inevitabilidade e o universo   70
   A beleza da inevitabilidade   83

3 Liberdade religiosa   89
O desafio constitucional   89
Será Deus o único tema da liberdade religiosa?   93
Liberdade sem controle?   99
Conflito dentro da liberdade   105
Haverá mesmo um direito à liberdade religiosa?   109
As novas guerras de religião   116

4 Morte e imortalidade   125

Índice remissivo   135

NOTA DO EDITOR NORTE-AMERICANO

Este livro baseia-se nas Conferências Einstein que Ronald Dworkin proferiu na Universidade de Berna em dezembro de 2011. Ele pretendia expandir seu tratamento do tema no decorrer dos anos seguintes, mas adoeceu em meados de 2012 e só teve tempo de completar algumas revisões do texto original antes de sua morte, em fevereiro de 2013. O editor gostaria de agradecer a Hillary Nye, doutoranda na Faculdade de Direito da Universidade de Nova York, pela valiosa assistência de pesquisa quando da preparação do livro para publicação. As pesquisas do professor Dworkin foram apoiadas pela Fundação Filomen D'Agostino e Max E. Greenberg, da Faculdade de Direito da Universidade de Nova York.

RELIGIÃO SEM DEUS

1

ATEÍSMO RELIGIOSO?

Introdução

O tema deste livro é a ideia de que a religião é mais profunda que Deus. A religião é uma cosmovisão profunda e abrangente, dotada de características distintas: sustenta que todas as coisas são permeadas de um valor intrínseco e objetivo, que o universo e suas criaturas inspiram admiração, que a vida humana tem um propósito e o universo, uma ordem. A crença num deus é apenas uma manifestação ou consequência possível dessa cosmovisão mais profunda. É claro que os deuses serviram a muitos propósitos humanos: prometeram uma vida após a morte, explicaram a ocorrência de tempestades e tomaram partido contra nossos inimigos. Porém, um dos elementos centrais de seu apelo sempre foi sua suposta capacidade de preencher este mundo de valor e propósito. A convicção de que um deus endossa um valor, no entanto, pressupõe – como pretendo demonstrar – um compromisso anterior com a realidade, independentemente desse valor. Esse compromisso é acessível também aos descrentes. Isso significa que os teístas partilham com alguns ateus um compromisso mais fundamental que aquilo que os separa, e essa fé comum pode, assim, servir de base para uma melhor comunicação entre eles.

A conhecida cisão rígida entre pessoas religiosas e sem religião é simplista demais. Milhões de pessoas que se consideram ateias têm convicções e experiências semelhantes às que os crentes entendem ser religiosas, e tão profundas quanto essas. Dizem que, embora não acreditem num deus "pessoal", creem numa "força maior do que nós" no universo. Sentem a inescapável responsabilidade de viver bem* a sua vida, com o devido respeito pela vida alheia; orgulham-se de uma vida que consideram bem vivida e sofrem, às vezes, um remorso inconsolável diante de uma vida que, em retrospectiva, consideram ter sido desperdiçada. O Grand Canyon lhes parece não somente impressionante, como também lhes tira o fôlego e se lhes afigura estranhamente maravilhoso. As últimas descobertas sobre o vasto espaço sideral não simplesmente lhes interessam, mas também as fascinam. Essas reações, para tais pessoas, não são meros reflexos sensoriais inexplicáveis. Elas expressam a convicção de que a força e o maravilhamento que percebem são reais, tão reais quanto os planetas ou a dor; e que a verdade moral e as maravilhas naturais não somente evocam admiração, mas também a impõem.

Existem algumas expressões famosas e poéticas desse conjunto de atitudes. Albert Einstein disse que, embora fosse ateu, era um homem profundamente religioso:

---

* *To live their lives well*. Seguimos aqui a terminologia adotada na tradução de *A raposa e o porco-espinho*, do mesmo autor: usamos "boa vida" para traduzir *good life*, "viver bem" para *to live well* e "bem viver" para *living well*. [N. do T.]

Saber que aquilo que para nós é impenetrável realmente existe e se manifesta como a mais elevada sabedoria e a mais radiante beleza, que nossas obtusas faculdades só conseguem compreender em suas formas mais primitivas – esse conhecimento, esse sentimento, está no âmago da verdadeira religiosidade. Nesse sentido, e nesse sentido somente, integro as fileiras dos homens devotos e religiosos.[1]

Percy Bysshe Shelley afirmou ser um ateu que, não obstante, sentia que "a sombra terrível de um Poder invisível/ flutua, embora oculta, entre nós"[2]. Filósofos, historiadores e sociólogos da religião insistiram numa explicação da experiência religiosa que reserva um lugar para o ateísmo religioso. William James disse que um dos dois elementos essenciais da religião é um senso de fundamentalidade: que existem "coisas no universo" que, no dizer dele, "atiram a última pedra"[3]. Os teístas têm um deus que desempenha esse papel, mas um ateu pode pensar que a importância de viver bem atira a última pedra – que não há nada de mais básico que fundamente ou precise fundamentar essa responsabilidade.

---

[1] Albert Einstein, em *Living Philosophies: The Reflections of Some Eminent Men and Women of Our Time*, org. Clifton Fadiman (Nova York: Doubleday, 1990), p. 6.

[2] "Hymn to Intellectual Beauty" (1816): "The awful shadow of some unseen Power / Floats though unseen among us".

[3] William James, *The Will to Believe and Other Essays in Popular Philosophy* (Nova York: Longmans, Green, and Co. 1896), p. 25.

De vez em quando, os juízes precisam decidir o que significa "religião" para fins judiciais. A Suprema Corte dos Estados Unidos, por exemplo, teve de decidir se, quando o Congresso estipula a possibilidade de isenção do serviço militar por "objeção de consciência" para homens religiosos cuja religião não lhes permite lutar, um ateu cujas, convicções morais também o proíbem de servir, tem direito à mesma isenção. E decidiu que ele tem, sim, esse direito[4]. A Corte, chamada a interpretar a garantia constitucional de "livre exercício da religião" em outro caso, declarou que nos Estados Unidos há muitas religiões que não reconhecem a existência de um deus, entre as quais uma que a Corte chamou de "humanismo secular"[5]. As pessoas comuns, além disso, passaram a usar a palavra "religião" em contextos que nada têm a ver com deuses ou forças inefáveis. Dizem que a Constituição é uma religião para os norte-americanos e que, para certas pessoas, o beisebol também é. Esses usos do termo "religião" são apenas metafóricos, claro, mas parecem apoiar-se não numa crença em Deus, mas em compromissos profundos de maneira geral.

---

[4] *United States vs. Seeger*, 380 U.S. 163 (1965).

[5] *Torcaso vs. Watkins*, 367 U.S. 488 (1961), fn. 11: "Entre as religiões neste país que não ensinam o que normalmente se consideraria ser uma crença na existência de Deus contam-se o budismo, o taoismo, a cultura ética, o humanismo secular e outras. Ver *Washington Ethical Society vs. District of Columbia*, 101 U.S. App. D.C. 371, 249 F. 2d 127; *Fellowship of Humanity vs. County of Alameda*, 153 Cal. App. 2d 673, 315 P. 2d 394; *Encyclopaedia of the Social Sciences*, vol. II, p. 293; *Encyclopaedia Britannica* (ed. 1957), vol. 4, pp. 325-7; id. vol. 21, p. 797; *Archer, Faiths Men Live By* (2. ed. revista por Purinton), pp. 120-38, 254-313; *World Almanac, 1961*, pp. 695, 712; *Year Book of American Churches*, 1961, pp. 29, 47."

Isso significa que a expressão "ateísmo religioso", por surpreendente que seja, não é um paradoxo; a religião, em sua definição vocabular, não é restrita ao teísmo. Mas ainda se pode considerar que essa expressão é fonte de confusão. Não seria melhor, por uma questão de clareza, reservar a palavra "religião" para o teísmo e dizer que Einstein, Shelley e os outros são ateus "sensíveis" ou "espirituais"? No entanto, pensando bem, a expansão do território da religião torna as coisas mais claras, evidenciando a importância daquilo que há em comum em todo esse território. Richard Dawkins diz que a linguagem de Einstein é "enganadora e destrutiva"[6], pois a clareza exige uma distinção nítida entre a crença de que o universo é governado por leis físicas fundamentais – sendo isso, segundo Dawkins, o que Einstein quis dizer – e a de que ele é governado por algo "sobrenatural", que Dawkins pensa ser sugerido pela palavra "religião".

No entanto, Einstein não quis dizer apenas que o universo se organiza em torno de leis físicas fundamentais; quis dizer muito mais do que isso. Com efeito, a opinião que citei é, num sentido importante, uma afirmação do sobrenatural. A beleza e a sublimidade que, segundo ele, só podemos alcançar na forma de um débil reflexo não fazem parte da natureza; são algo *além* da natureza, que não pode ser captado sequer pela compreensão derradeira das mais fundamentais leis da física. Einstein tinha fé em que um valor transcendente e objetivo permeia o universo, um valor que nem é um

---

[6] Richard Dawkins, *The God Delusion* (Boston: Houghton Mifflin, 2006), p. 8.

fenômeno natural nem uma reação subjetiva aos fenômenos naturais. É isso o que o levou a insistir em sua religiosidade. Nenhuma outra descrição, a seu ver, poderia capturar melhor a natureza da sua fé.

Assim, devemos deixar que Einstein descreva-se como quiser, que os estudiosos criem suas categorias amplas e que os juízes façam suas interpretações. A religião, diremos, não significa necessariamente uma crença em Deus. Porém, admitindo-se que alguém possa ser religioso sem crer num deus, o que significa ser religioso? Qual é a diferença entre uma atitude religiosa e uma atitude não religiosa em relação ao mundo? É difícil responder a essa pergunta, pois "religião" é um conceito interpretativo[7]. Ou seja, as pessoas que usam o conceito não concordam quanto ao que ele significa exatamente: quando o usam, assumem uma posição acerca de o que ele *deve* significar. Quando se denominou religioso, Einstein talvez tivesse em mente algo diferente do que William James tinha quando classificou certas experiências como religiosas, ou do que os juízes da Suprema Corte tinham quando disseram que crenças ateístas poderiam ser classificadas como religiosas. Assim, é nesse espírito que devemos abordar esta questão. Que explicação da religião seria mais reveladora, caso a adotássemos?

[7] Ver Ronald Dworkin, *Justice for Hedgehogs* (Cambridge, MA: selo Belknap Press da Harvard University Press, 2011), capítulo 8, "Conceptual Interpretation" (*A raposa e o porco-espinho*. São Paulo: WMF Martins Fontes, 2014, capítulo 8, "Interpretação conceitual".)

Enfrentaremos esse desafio logo mais, mas, antes, devemos parar para observar o pano de fundo diante do qual consideraremos a questão. As guerras de religião são, como o câncer, uma maldição para a espécie humana. Pelo mundo afora, as pessoas matam umas às outras porque odeiam os deuses umas das outras. Em locais menos violentos, como os Estados Unidos, brigam sobretudo na política, em todos os níveis – desde as eleições nacionais até as reuniões dos conselhos escolares locais. As batalhas mais ferozes não se travam entre as diferentes facções da religião teísta, mas entre crentes zelosos e aqueles ateus que eles consideram pagãos imorais e indignos de confiança, cujo número crescente ameaça a saúde e a integridade morais da comunidade política.

Os fanáticos têm um grande poder político nos Estados Unidos, pelo menos por enquanto. A chamada "direita religiosa" ainda é um bloco de eleitores que os políticos adulam com avidez. O poder político da religião suscitou, previsivelmente, uma reação oposta, conquanto as duas coisas não estejam nem de longe em pé de igualdade. O ateísmo militante, embora politicamente inerte, é hoje um grande sucesso comercial. Ninguém que se afirme ateu pode ser eleito para nenhum cargo importante nos Estados Unidos, mas o livro de Richard Dawkins, *The God Delusion* (2006)[*] teve milhões de exemplares vendidos, e dezenas de outros livros que condenam a religião como uma superstição lotam as livrarias norte-americanas. Há algumas décadas, as obras que

---
[*] Publicado no Brasil em 2007 com o título *Deus, um delírio*. (N. do E.)

ridicularizavam Deus eram raras. A religião era identificada com a Bíblia, e ninguém achava que valia a pena apontar os infinitos erros do relato bíblico da criação. Isso mudou. Estudiosos atualmente dedicam toda a sua carreira à refutação de algo que outrora parecia, para aqueles que avidamente compram seus livros, tolo demais para ser constestado.

Caso possamos separar Deus da religião – caso possamos vir a compreender o que realmente é o ponto de vista religioso e por que ele não exige nem pressupõe uma pessoa sobrenatural –, talvez possamos ao menos esfriar um pouco essas batalhas, separando as questões científicas das questões de valor. As novas guerras de religião são, na verdade, guerras culturais. Não têm unicamente por tema a história científica – o que melhor explica o desenvolvimento da espécie humana, por exemplo –, mas, de modo mais fundamental, o sentido da vida humana e o significado do bem viver. Como veremos, a lógica impõe uma separação entre o elemento de ciência e o elemento de valor da religião teísta ortodoxa. Quando separamos esses dois elementos, descobrimos que, na realidade, eles são completamente independentes: o elemento de valor não depende – nem pode depender – da existência ou da história de qualquer deus. Se essa ideia fosse aceita, tanto o tamanho quanto a importância das guerras diminuiriam tremendamente. Elas já não seriam guerras culturais. Essa ambição é utópica: as guerras religiosas violentas e não violentas refletem ódios mais profundos que os que podem ser resolvidos pela filosofia. Mas um pouquinho de filosofia pode ajudar.

O que é a religião? Seu núcleo metafísico

Que tipo de atitude, então, deve ser considerada religiosa? Vou tentar oferecer uma explicação razoavelmente abstrata e, portanto, ecumênica. A atitude religiosa aceita a realidade plena e independente do valor. Aceita a verdade objetiva de dois juízos centrais sobre o valor. O primeiro sustenta que a vida humana tem um sentido ou uma importância objetivos. Cada pessoa tem a responsabilidade inata e inescapável de tentar fazer com que sua vida seja bem-sucedida, ou seja, de viver bem, aceitando suas responsabilidades éticas para consigo mesma e suas responsabilidades morais para com os outros, não somente se, por acaso, considerar que isso é importante, mas por se tratar de algo importante em si mesmo, quer o consideremos como tal, quer não. O segundo sustenta que o que chamamos de "natureza" – o universo como um todo e em cada uma de suas partes – não é uma simples questão de fato, mas algo sublime em si mesmo: algo dotado de valor e maravilhamento intrínsecos. Juntos, esses dois juízos de valor abrangentes declaram o valor intrínseco de ambas as dimensões da vida humana: a biológica e a biográfica. Fazemos parte da natureza porque temos um ser físico e uma duração determinada: a natureza é o *locus* e a nutriz da nossa vida física. Somos separados da natureza porque temos consciência de que construímos nossa própria vida e temos de tomar decisões que, em seu conjunto, determinam o tipo de vida que construímos.

Para muita gente, a religião vai bem além desses dois valores. Para muitos teístas, inclui também obrigações de culto, por exemplo. Mas tomarei estas duas coisas – o significado intrínseco da vida e a beleza intrínseca da natureza – como paradigmas de uma atitude plenamente religiosa perante a vida. Não se trata de convicções que a pessoa possa isolar do restante da sua vida. Elas envolvem a personalidade inteira e permeiam nossa existência: geram orgulho, remorso e emoção. O mistério é uma parte importante dessa emoção. William James disse: "Como o amor, como a ira, como a esperança, a ambição, o ciúme, como qualquer outro anseio e impulso instintivo, [a religião] acrescenta à vida um encantamento que não é nem lógica nem racionalmente dedutível de nenhuma outra coisa."[8] O encantamento é a descoberta do valor transcendente em algo que, de outro modo, pareceria transitório e morto.

Mas como os ateus religiosos sabem o que alegam acerca dos diversos valores que abraçam? Como podem entrar em contato com o mundo do valor para pôr à prova a alegação, talvez fantasiosa, em que investem tanta emoção? Os crentes têm a autoridade de um deus para respaldar suas convicções; os ateus parecem tirar as suas do nada. Precisamos explorar um pouco a metafísica do valor[9].

---

[8] William James, *The Varieties of Religious Experience* (Nova York: Modern Library, 1902), p. 47.

[9] Os que quiserem explorar em maior profundidade esta objeção e minha resposta, devem consultar Dworkin, *Justice for Hedgehogs*, capítulo 2, " Truth in Morals" [*A raposa e o porco-espinho*, capítulo 2, "A verdade na moral"].

A atitude religiosa rejeita o naturalismo, um dos nomes de uma teoria metafísica muito popular, segundo a qual nada é real, exceto o que pode ser estudado pelas ciências naturais, entre as quais a psicologia. Ou seja, nada existe que não seja a matéria ou a mente; na realidade, bem lá no fundo, o bem viver, a justiça, a crueldade e a beleza são coisas que não existem. Richard Dawkins falou em nome dos naturalistas quando declarou qual seria a resposta adequada dos cientistas àquelas pessoas que, criticando o naturalismo, citam Hamlet sem cessar – "Há mais coisas no céu e na terra, Horácio, do que sonha a tua filosofia". "É verdade", respondeu Dawkins, "mas estamos trabalhando para descobri-las."[10]

Alguns naturalistas são niilistas: dizem que os valores são meras ilusões. Outros naturalistas admitem que, em certo sentido, os valores existem, mas definem-nos de modo a lhes negar toda existência independente: tornam-nos totalmente dependentes dos pensamentos ou das reações das pessoas. Dizem, por exemplo, que a descrição da conduta de alguém como "boa" ou "correta" significa somente que, na prática, a vida de um número maior de pessoas será mais agradável se todos se comportarem dessa maneira. Ou que a declaração de que uma pintura é bela significa somente que, em geral, as pessoas têm prazer ao olhar para ela.

---

[10] Richard Dawkins, *Unweaving the Rainbow: Science, Delusion and the Appetite for Wonder* (Boston: Houghton Mifflin, 1998), p. xi.

A atitude religiosa rejeita todas as formas de naturalismo. Insiste em que os valores são reais e fundamentais, não meras manifestações de outra coisa; são tão reais quanto as árvores ou a dor. Rejeita igualmente uma teoria muito distinta que podemos chamar de realismo fundamentado (*grounded realism*). Essa posição, também popular entre os filósofos, sustenta que os valores são reais e que nossos juízos de valor podem ser objetivamente verdadeiros — desde que se aceite o pressuposto, que pode ser falso, de que temos bons motivos, afora a confiança em nossos juízos de valor, para pensar que temos a capacidade de descobrir verdades sobre os valores.

Há muitas formas de realismo fundamentado. Uma delas é uma forma de teísmo que atribui a um deus nossa capacidade de conceber juízos de valor. (Daqui a pouco vou tentar demonstrar que essa suposta fundamentação inverte o sentido real da relação entre essas duas coisas.) Todas elas concordam em que, para que os juízos de valor possam ser corretos, é preciso haver uma razão independente para pensar que as pessoas têm a capacidade de formar juízos morais corretos — "independente" no sentido de não ser ela própria baseada nessa capacidade. Com isso, o valor vira refém da biologia ou da metafísica. Suponhamos que encontremos indícios inegáveis de que só sustentamos as convicções morais que sustentamos porque elas favoreceram nossa adaptabilidade evolutiva (o que certamente não exige que sejam verdadeiras). Sob esse ponto de vista, não teríamos razão alguma para pensar que a crueldade é realmente errada. Se pensamos assim, é porque pensamos dispor de alguma outra maneira de "entrar em contato" com a verdade moral.

A atitude religiosa insiste numa separação muito mais fundamental entre o mundo do valor e os fatos referentes à nossa história natural ou às nossas suscetibilidades psicológicas. Nada poderia impugnar nosso juízo de que a crueldade é errada, exceto um bom argumento moral que prove que ela não é errada. Perguntamos: que razão temos para supor que somos dotados da capacidade de formar juízos de valor corretos? O realismo não fundamentado responde: temos a única razão que poderíamos ter – refletimos responsavelmente sobre as nossas convicções morais e consideramo-las convincentes. Pensamos que são verdadeiras e, portanto, pensamos que temos a capacidade de encontrar a verdade. Como podemos rejeitar a hipótese de que todas as nossas convicções sobre o valor são meras ilusões que respaldam umas às outras? O realismo não fundamentado responde: entendemos essa hipótese da única maneira em que ela é inteligível. Ela diz que não temos um respaldo moral adequado para nenhum dos nossos juízos morais. Nós refutamos essa tese apresentando argumentos morais em favor de alguns de nossos juízos morais.

Repetindo: a atitude religiosa insiste na plena independência do valor; o mundo do valor é contido em si mesmo e valida a si mesmo. Acaso isso desqualifica a atitude religiosa por motivo de circularidade? Repare que, no fim, não há nenhum caminho não circular para validar nossa capacidade de encontrar qualquer tipo de verdade em qualquer domínio intelectual. Valemo-nos de experimentos e observações para validar nossos juízos científicos. Mas os experimentos e as observações só são confiáveis em virtude da veracidade de certos pressupostos básicos sobre a causalidade e a ótica, pressupostos cuja validação se apoia na ciência e em nada mais. E é claro que nossos juízos sobre a natureza do mundo externo dependem todos, num nível ainda mais fundamental, de um pressuposto partilhado por todas as pessoas, sem exceção: o de que existe um mundo externo. A ciência em si é incapaz de validar esse pressuposto.

Parece-nos impossível não acreditar nas verdades elementares da matemática e, quando as compreendemos, nas verdades extraordinariamente complexas que os matemáticos conseguiram provar. Entretanto, se nos situarmos fora da matemática, não poderemos demonstrar nem aquelas verdades elementares nem os métodos da demonstração matemática. Sentimos que não precisamos de nenhuma validação independente: sabemos que temos uma capacidade inata para a lógica e para a verdade matemática. Mas como sabemos que temos essa capacidade? Porque formamos, nesses domínios, crenças que simplesmente não conseguimos renegar, por mais que tentemos. Por isso, parece-nos evidente que temos essa capacidade.

Podemos dizer: aceitamos nossas capacidades científicas e matemáticas mais básicas, em última instância, como uma questão de fé. A atitude religiosa insiste em que abraçamos nossos valores da mesma maneira: em última instância, eles também são uma questão de fé. Há, porém, uma diferença notável. Dispomos de padrões universalmente aceitos de argumentação científica e demonstração matemática, mas não há padrões aceitos para o raciocínio moral ou outras formas de raciocínio sobre o valor. Pelo contrário, discordamos profundamente sobre o que seja a bondade, o direito, a beleza e a justiça. Acaso isso significa que temos uma validação externa das nossas capacidades para a ciência e a matemática, validação essa que inexistiria no domínio do valor?

Não, pois a concordância interpessoal não representa uma validação externa em nenhum domínio. Os princípios do método científico, entre eles a necessidade de uma confirmação interpessoal das observações, são justificados somente pela ciência que tais métodos produziram. Como disse, todos os elementos da ciência, inclusive a importância das observações feitas por mais de uma pessoa, respaldam-se mutuamente e não dependem de nada que esteja fora da própria ciência. A lógica e a matemática são um caso diferente. O consenso sobre a validade de um argumento matemático complexo não é de modo algum uma *prova* dessa validade. E se – inimaginável horror – a raça humana deixasse de concordar sobre a validade dos argumentos lógicos ou matemáticos? Entraria em decadência terminal, mas ninguém teria nenhuma boa razão, ao longo do caminho, para pensar que cinco e sete não são doze. O valor é outro caso ainda. Se o valor é objetivo, o consenso sobre determinado juízo de valor nada tem a ver com a sua veracidade ou com a responsabilidade de qualquer pessoa em considerá-lo verdadeiro, e a experiência mostra que, bem ou mal, a comunidade humana é capaz de sobreviver a grandes discordâncias acerca das verdades morais, éticas e estéticas. Para a atitude religiosa, a discordância é uma falsa objeção.

Disse há pouco que a atitude religiosa repousa, em última instância, na fé. Disse isso principalmente para assinalar que a ciência e a matemática são, da mesma forma, questões de fé. Em cada um desses domínios, aceitamos nossas convicções sentidas e inescapáveis; não buscamos a bênção de algum meio independente de verificação que seja o árbitro final daquilo em que, sem fugir às nossas responsabilidades, temos o direito de acreditar. Esse tipo de fé não é mera aceitação passiva da verdade conceitual de que não podemos justificar nossa ciência, nossa lógica ou nossos valores sem fazer apelo a essa mesma ciência, lógica ou valores. É a afirmação positiva da realidade desses três mundos e da nossa confiança em que, embora cada um de nossos juízos tenha a possibilidade de estar errado, temos o direito de considerá-los corretos caso tenhamos refletido sobre eles de modo suficientemente responsável.

No caso específico do valor, entretanto, a fé significa algo mais, pois nossas convicções sobre valores também são compromissos emocionais e, por mais que resistam a testes de coerência e integridade interna, também têm de "parecer" corretas do ponto de vista emocional. Têm de envolver nossa personalidade por inteiro. Os teólogos costumam dizer que a fé religiosa é uma experiência de convicção *sui generis*. Rudolf Otto, num livro extremamente influente, chamou essa experiência de "numinosa"[11], e disse tratar-se de um tipo de "conhecimento pela fé". Afirmo que as convicções de valor também são experiências emocionais complexas e *sui generis*. Veremos, no capítulo 2, que, quando os cientistas se defrontam com a inimaginável vastidão do espaço e a mirabolante complexidade das partículas atômicas, têm uma reação emocional que corresponde de modo surpreendente à descrição de Otto. Com efeito, muitos deles usam a palavra "numinoso" para descrever a maneira como se sentem. O universo parece-lhes digno de admiração e merecedor de um tipo de resposta emocional que, no mínimo, beira o temor.

Mas é claro que, ao falar de fé, não quero dizer que o fato de uma convicção moral resistir à reflexão é, em si mesmo, um argumento a favor dessa convicção. A convicção da verdade é um fato psicológico, e somente um juízo de valor pode ser um argumento favorável à veracidade dessa convicção. E

---

[11] Rudolf Otto, *The Idea of the Holy* (1917), trad. ingl. de John W. Harvey (Oxford: Oxford University Press, 1958), p. 7.

é claro que não quero dizer que os juízos de valor são, no fim, meramente subjetivos. Nossa convicção sentida de que a crueldade é errada é uma convicção de que ela é *realmente* errada: é impossível ter essa convicção sem pensar que ela é objetivamente verdadeira. Reconhecer o papel da convicção sentida e irresistível em nossa experiência do valor é apenas reconhecer o fato de que temos tais convicções, de que elas são capazes de resistir à reflexão responsável e que, nesse caso, não temos mais razão alguma – com exceção de novos indícios ou argumentos – para duvidar da veracidade delas.

Não terei convencido alguns de vocês. Pensarão que, se tudo o que podemos fazer para defender juízos de valor é apelar a outros juízos de valor e, por fim, declarar nossa fé no conjunto de todos os juízos, nossa pretensão à verdade objetiva é mero pensamento fantasioso. Contudo, essa objeção, por mais familiar que seja, não é um argumento contra a cosmovisão religiosa. É apenas uma rejeição dessa cosmovisão. Nega os princípios básicos da atitude religiosa: produz, na melhor das hipóteses, um impasse. Se alguém a defende, é porque simplesmente não tem o ponto de vista religioso.

Ciência religiosa e valor religioso

Já enumerei as razões pelas quais devemos chamar de "religiosa" a atitude que estou descrevendo e reconhecer que o ateísmo religioso é possível. Nossa esperança é compreender melhor por que tanta gente declara ter um senso do valor, do mistério e do propósito da vida apesar de seu ateísmo, e não como um acréscimo a seu ateísmo; por que relaciona, desse modo, seus valores com os da religião convencional. Esperamos também produzir uma teoria da religião que possamos usar para interpretar a convicção muito comum de que as pessoas têm um direito especial à liberdade religiosa – esse é o propósito do capítulo 3. Quero agora explorar outra razão, mais complexa, pela qual a atitude que descrevo deve ser tratada como religiosa. Os teístas partem do pressuposto de que seu realismo axiológico é um realismo fundamentado. Deus, segundo pensam, propicia e valida a percepção que eles têm dos valores: das responsabilidades da vida e das maravilhas do universo. Na verdade, contudo, é forçoso que seu realismo, em última instância, seja não fundamentado. É a independência radical do valor em relação à história, inclusive à história divina, que torna defensável sua fé.

O ponto nodal do meu argumento é o seguinte pressuposto. As religiões convencionais e teístas com que a maioria de nós está mais familiarizada – judaísmo, cristianismo e islamismo – têm dois elementos: um elemento de ciência e um elemento de valor. O elemento de ciência oferece resposta a importantes questões factuais sobre o nascimento e a história do universo, a origem da vida humana e a possibilidade de os seres humanos sobreviverem, ou não, à própria morte.

Esse elemento declara que um deus onipotente e onisciente criou o universo, julga a vida dos homens, garante uma vida após a morte e atende às orações. É claro que não quero dizer que essas religiões ofereçam argumentos que possamos considerar "científicos" em favor do existir e do agir de seu deus. Quero dizer somente que, em muitas religiões, esse elemento faz afirmações sobre questões de fato e sobre causas e efeitos históricos e contemporâneos. Alguns crentes defendem essas afirmações com argumentos que consideram científicos; outros professam crer nelas como questão de fé ou em razão de indícios dados pelos textos sagrados. Chamo-as todas de científicas em virtude de seu conteúdo, não de sua defesa.

O elemento de valor de uma religião teísta convencional comporta várias convicções sobre como as pessoas devem viver e o que devem valorizar. Algumas dessas convicções são compromissos teístas – ou seja, compromissos que só fazem sentido quando se pressupõe um deus e que dependem essencialmente dessa ideia. As convicções teístas impõem deveres de culto, oração e obediência ao deus endossado pela religião. Mas há outros valores religiosos que não são teístas nesse sentido: são, pelo menos do ponto de vista formal, independentes de qualquer deus. Os dois valores religiosos paradigmáticos que identifiquei são, portanto, independentes. Os ateus religiosos não acreditam num deus e, por isso, rejeitam a ciência das religiões convencionais e os compromissos teístas (como o dever de prestar culto ritual) que decorrem desse elemento científico. Mas aceitam que o modo como transcorre uma vida humana é objetivamente importante e que todas as pessoas têm a responsabilidade ética inata e inalienável de tentar viver tão bem quanto possível em suas circunstâncias. Aceitam que a natureza não é feita de meras partículas atiradas a esmo numa história muito longa, mas algo dotado de beleza e maravilhamento intrínsecos.

O elemento de ciência da religião convencional não pode servir de fundamento para o elemento de valor, porque – para declará-lo a princípio de maneira breve – as duas coisas são conceitualmente independentes. A vida humana não pode ter qualquer tipo de sentido ou valor pelo simples fato de existir um deus amoroso. O universo não pode ser intrinsecamente belo pelo simples fato de ter sido criado para ser belo. Qualquer juízo sobre o sentido da vida humana ou sobre o maravilhamento da natureza depende, em última instância, não somente da verdade descritiva, por mais exaltada ou misteriosa que seja, mas também, por fim, de juízos de valor mais fundamentais. Não há ponte direta que ligue qualquer história sobre a criação do firmamento, ou dos céus e da terra, ou dos animais marinhos e terrestres, ou ainda sobre as delícias do paraíso, ou os fogos do inferno, ou a abertura de qualquer mar ou a ressurreição de quaisquer mortos, ao valor perene da amizade e da família, ou à importância da caridade, ou à sublimidade de um pôr do sol, ou à adequação da admiração perante o universo, ou mesmo ao dever de reverência para com um deus criador.

Neste livro, não estou apresentando nenhum argumento contra a ciência das religiões abraâmicas tradicionais. Não afirmo que não exista um deus pessoal que fez os céus e ama as suas criaturas. Afirmo apenas que a existência de tal deus não pode, em si e por si, afetar a veracidade de quaisquer valores religiosos. Se existe um deus, talvez ele possa mandar as pessoas para o céu ou para o inferno. Mas ele não pode, por vontade própria, criar respostas corretas para questões morais ou instilar no universo uma glória que de outro modo não existiria. A existência ou o caráter de um deus só pode figurar na defesa de tais valores como fatos que tornem pertinente algum outro juízo de valor independente, um juízo que sirva como pano de fundo; ou seja, só pode atuar como uma premissa secundária. É claro que a crença num deus pode moldar radicalmente a vida de uma pessoa. O modo como ela o faz, e se o faz ou não, depende do caráter do suposto deus e da profundidade do compromisso com ele. Um caso óbvio e elementar: quem acredita que irá para o inferno se desagradar a um deus provavelmente viverá de maneira diferente de quem não tenha tal crença. Mas não cabe a esse deus determinar se aquilo que lhe desagrada é moralmente mau ou não.

Estou me valendo agora de um importante princípio conceitual que podemos chamar de "princípio de Hume", pois foi defendido por esse filósofo escocês do século XVIII[12]. Esse

---

[12] David Hume, *A Treatise of Human Nature* (1739-1740), livro 3, parte I, seção 1.

princípio afirma que não se pode apoiar um juízo de valor – uma proposição ética, moral ou estética – na simples declaração ou prova de um fato científico sobre como o mundo é, era ou será. Outra coisa sempre será necessária: um juízo de valor anterior que mostre por que o fato científico vem ao caso e tem essa consequência. Admito que, sempre que vejo alguém com dor ou ameaçado por um perigo, tenho a responsabilidade moral de ajudá-lo, se puder. O simples fato da dor e do perigo parece gerar, por si mesmo, um dever moral. Mas as aparências enganam. A dor e o perigo não gerariam nenhum dever moral caso também não fosse verdade – uma verdade moral anterior – que as pessoas têm o dever geral de aliviar ou prevenir o sofrimento. Muitas vezes, como nesse caso, o princípio anterior é óbvio demais para que precise ser declarado ou mesmo pensado. Todavia, ele precisa necessariamente existir, e precisa necessariamente ligar o fato comum com o juízo moral, ético ou estético mais concreto que tal fato pretensamente prova.

Concordo que a existência de um deus pessoal – um ser sobrenatural, onipotente, onisciente e amoroso – é um tipo muito exótico de fato científico. Mas não deixa de ser um fato científico, e não deixa de exigir um princípio moral anterior pertinente para que possa ter qualquer tipo de impacto sobre juízos de valor. Isso é importante, pois esses próprios juízos de valor anteriores só podem ser defendidos – na medida em que o podem – quando são situados dentro de uma rede maior de valores, cada um dos quais pressupõe os demais e os justifica. Segundo insiste minha teoria da atitude religiosa, só podem ser defendidos dentro do sistema geral do valor.

Assim, só se pode demonstrar que a existência de um deus é necessária ou suficiente para justificar determinada concepção de valor se um princípio anterior independente explicar por que isso acontece. É muito provável que estejamos convictos de tal princípio. Talvez pensemos, por exemplo, que o sacrifício do filho de Deus na cruz nos dá, por gratidão, a responsabilidade de honrar os princípios pelos quais ele morreu. Ou que devemos ao deus que nos criou a mesma deferência que devemos a nossos pais, exceto pelo fato de que nossa deferência a esse deus deve ser ilimitada e inabalável. Os crentes não terão dificuldade para criar outros princípios desse tipo. Mas os princípios que citam, sejam eles quais forem, devem ter sustentação independente na qualidade de proposições da moral ou de alguma outra esfera de valor. Os teístas têm de ter uma fé independente num princípio desse tipo; é nesse princípio, e não somente nos eventos divinos ou outros fatos considerados pertinentes, que eles têm uma crença que lhes parece inevitável. O que separa a religião com deus da religião sem deus – a ciência da religião com deus – não é tão importante quanto a fé no valor que as une.

Mistério e inteligibilidade

Os teólogos sofisticados certamente hão de considerar meu argumento ignorante e pueril. Do ponto de vista deles, peguei um conjunto familiar de pressupostos sobre a relação entre fatos e valores, pressupostos que fazem sentido em nossa vida terrestre comum, e tentei aplicá-los a um mundo celestial, onde não fazem sentido. Devo, portanto, chamar a atenção para o quanto é pequeno o campo de abrangência dos meus pressupostos. Não estou presumindo que todos os crentes consideram literalmente verdadeiro o relato bíblico da criação. Admito que as concepções que alguns teólogos têm da criação divina, na medida em que tal coisa é passível de alguma inteligibilidade, seriam radicalmente diversas de qualquer tipo de criação com que estejamos familiarizados. Sei que muitos teólogos creem que tal criação tem um caráter misterioso e talvez esteja além da capacidade explicativa de qualquer ser humano.

Porém, qualquer concepção teísta parece ter como requisito mínimo a ideia de que a criação divina, como quer que seja descrita em seus pormenores, é também um ato voluntário e inteligente. É difícil ver o que restaria do teísmo caso alguma forma de vontade criativa não fizesse parte da sua ciência. Por isso, creio que o desafio lançado aos que consideram meu argumento ignorante é o seguinte: acaso existe uma concepção inteligível (ainda que pouco conhecida) de vontade criativa da qual decorra que seu exercício, em si e por si, é capaz de criar valor? A atitude religiosa, tal como a descrevi, sustenta que os eventos não podem, por si mesmos, determinar automaticamente a veracidade dos juízos de valor: é necessário um pressuposto axiológico anterior que faça com que o evento seja um argumento a favor da veracidade desse juízo. Esse princípio conceitual não pode ser contornado pela estipulação de que a criação divina é um mistério que não pode ser compreendido pelos seres humanos. Não pode ser contornado pela insistência na tese de que o ser e a bondade de um deus estão, de alguma forma, fundidos: essa tese suspende o princípio sem oferecer nenhuma justificativa para sua suspensão. Em algum lugar, temos de traçar uma fronteira entre o mistério e a ininteligibilidade. Como tornar inteligível a ideia – mesmo que permaneça misteriosa – de que um ato de *fiat* possa, por si só, criar valor?

Deuses impessoais: Tillich, Espinosa e o panteísmo

Até aqui, tenho partido do pressuposto de que a ideia de um deus é suficientemente clara, de tal modo que a diferença entre um teísta religioso e um ateu religioso seja óbvia. Mas isso não é assim, pois a ideia de um deus é tudo, menos clara: a distinção entre teísmo e ateísmo é, portanto, ela própria indistinta. Os seres humanos descobriram ou inventaram muitos tipos diferentes de deuses. Já houve, e ainda há, uma grande variedade dos chamados deuses pagãos, cujo caso mais típico é o dos deuses gregos do Olimpo. Eles eram seres humanos imortais, com poderes e vícios sobre-humanos: eram vaidosos, invejosos, vingativos e, numa palavra, terríveis. Nas nascentes religiões abraâmicas, os deuses pagãos foram substituídos por um único deus, o Deus da Capela Sistina, a figura barbada que cria a vida no teto e, na pessoa de seu filho, na parede do fundo, envia os seres humanos para o céu ou para o inferno. É o Deus da Capela Sistina que domina o teísmo praticante hoje em dia: é onisciente, onipotente e se interessa detalhadamente pela vida de suas criaturas. No século XVII surgiu um tipo de deus diferente, o qual, no entanto, nunca teve um eleitorado muito amplo. O Deus Marcador de Página explica o que a ciência é incapaz de explicar: não intervém nos assuntos humanos, como o Deus da Capela Sistina, mas está disponível para explicar a existência e o caráter do universo, na medida em que a ciência ainda não consegue fazê-lo. Não põe em questão, por exemplo, a narrativa da evolução, que reina hoje em dia; pelo contrário, foi ele quem estabeleceu a evolução, para que, ao longo de muitas eras, ela fizesse o que fez. Esse deus vai recuando no livro do conhecimento à medida que a ciência vai aumentando o número de suas páginas.

Todos esses deuses, até o Deus Marcador de Página, são deuses pessoais. Mas há quem diga que acredita num deus impessoal. Não querem dizer que seu deus seja impessoal do mesmo jeito que um ser humano pode ser impessoal: frio em seu trato com os outros, por exemplo. Querem dizer que seu deus não é uma pessoa de modo algum. Bem, podemos perguntar: como seria uma não pessoa divina? Qual é a diferença entre um deus que não é uma pessoa e um deus inexistente? Partimos do pressuposto de que o deus pessoal tem todas as capacidades de uma pessoa reconhecível – em particular, tem uma mente, uma vontade e um conjunto de objetivos que realiza por meio dessa vontade. Tem essas capacidades num grau inimaginável; os que creem num deus pessoal não conseguem imaginar uma inteligência maior ou uma vontade mais eficaz que a dele. No entanto, intelecto, objetivos e vontade são atributos de uma pessoa – não existe um objetivo sem que haja alguém que tenha esse objetivo – e a perfeição do intelecto, da vontade e dos objetivos não pressupõe uma não pessoa, mas uma pessoa perfeita.

Como seria, portanto, um deus impessoal? Temos de deixar de lado, evidentemente, todas as invocações metafóricas de um deus. As pessoas dizem "só Deus sabe" para responder a uma pergunta quando querem dizer que ninguém sabe. Einstein frequentemente falava de um deus desse jeito: para ele, era uma espécie de brincadeira. Disse que estava tentando decifrar a mente de Deus e perguntou se Deus teve ou não escolha para criar o universo. As metáforas se baseiam num pressuposto hipotético – e, para muitos que falam desse modo, contrafactual: se existisse um deus, ele saberia, mas ninguém mais sabe. Se um deus tivesse criado o universo, teria ele tido escolha a respeito das leis físicas que instituiria ou teria sido coagido pela verdade matemática? Não se trata de apelos a um deus impessoal. Pelo contrário, a real força metafórica que essas expressões ainda têm baseia-se claramente na imagem de um deus pessoal.

A fim de encontrar candidatos mais interessantes ao posto de deus impessoal, temos de nos voltar para a filosofia. Paul Tillich, teólogo alemão muito influente, disse que a ideia de um deus pessoal só pode ser entendida como símbolo de outra coisa, e talvez devamos supor que essa outra coisa seja um deus não pessoal. Nas palavras de Tillich:

> A manifestação desse fundamento e abismo do ser e do sentido cria o que a moderna teologia chama de "experiência do numinoso". [...] [Essa] experiência pode ocorrer, e ocorre para a grande maioria dos homens, associada à impressão que certas pessoas, acontecimentos históricos ou naturais, objetos, palavras, imagens, melodias, sonhos etc. causam sobre a alma humana, criando o sentimento do sagrado, ou seja, da presença do "numinoso". Em tais experiências, a religião vive e tenta manter a presença dessa divina profundeza da nossa existência e a comunhão com ela. Porém, sendo ela "inacessível" a qualquer conceito objetificante, deve ser expressa na forma de símbolos. Um desses símbolos é o Deus Pessoal. A opinião comum da teologia clássica em praticamente todos os períodos da história da

Igreja é que o predicado "pessoal" só pode ser aplicado ao Divino de modo simbólico, por analogia ou se for afirmado e negado ao mesmo tempo. [...] Nenhum "teísmo" pode se manter sem um elemento de "ateísmo".[13]

A teologia de Tillich é muito complexa e talvez não seja sensato que eu me concentre nesse único parágrafo, mas ele é fascinante. A religião, diz ele, deve proclamar a existência de um deus pessoal, mas essa proclamação não deve ser entendida literalmente. A religião oferece a ideia de um deus pessoal apenas como um gesto indicativo na direção de algo que não pode ser descrito, um gesto que só será apropriado se o deus assim proclamado for, ao mesmo tempo, negado. Ele não quis dizer que o deus pessoal é um símbolo de algo que, com maior precisão, poderia ser chamado de um deus não pessoal, mas que o âmago de uma experiência religiosa só pode ser expresso pela afirmação e negação simultânea de um deus pessoal. Descreveu o caráter "numinoso" dessa experiência em termos que pertencem mais à parte axiológica que à parte científica da religião convencional, de tal modo que essa experiência estaria igualmente ao alcance de um ateu religioso. Citou a própria referência de Einstein a "uma atitude humilde da mente perante a grandeza da razão encarnada na existência", a qual, segundo Tillich, aponta

---

[13] Paul Tillich, "Science and Theology: A Discussion with Einstein", em Tillich, *Theology of Culture*, org. Robert C. Kimball (Nova York: Oxford University Press, 1959), pp. 130-1.

[...] para o fundamento comum do mundo físico inteiro e dos valores suprapessoais; fundamento que, por um lado, se manifesta na estrutura do ser (o mundo físico) e do sentido (o bom, o verdadeiro e o belo), e que, por outro, está oculto em suas profundezas insondáveis.[14]

A diferença entre Einstein e Tillich, portanto, parece resumir-se ao seguinte: eles partilhavam uma espécie de visão religiosa, que Einstein considerava expressar-se melhor pela negação de um deus pessoal, ao passo que Tillich considerava expressar-se melhor, embora também de modo mais místico, pela simultânea afirmação e negação desse deus. Talvez seja o caso de dizer que Tillich era ao mesmo tempo um teísta religioso e um ateu religioso que acreditava que o caráter "numinoso" da experiência religiosa apaga a diferença entre as duas qualificações.

Vejamos agora o caso ainda mais interessante de Baruch de Espinosa. Ele nasceu em 1632, na comunidade judia portuguesa de Amsterdam, que havia sido expulsa da península ibérica pela Inquisição espanhola. Foi excomungado pelo rabinato de Amsterdam por ser, segundo disseram, ateu. Mas, na prática, atribuía a algo que chamava "Deus" o lugar central e dominante em sua complexa metafísica racionalista, razão pela qual os românticos de um século posterior chamaram-no "embriagado de deus".

---

[14] *Ibid.*, p. 130. Para uma discussão sobre a discordância entre Einstein e Tillich, ver Max Jammer, *Einstein and Religion: Physics and Theology* (Princeton, NJ: Princeton University Press, 1999), pp. 107-14.

É fácil perceber por que os contemporâneos de Espinosa consideravam-no ateu. Ele negou a existência de qualquer coisa que alguma pessoa dentro da comunidade religiosa se sentisse autorizada a chamar de um deus. Segundo a maioria das interpretações atuais, ele não sustentava a inexistência de um deus, mas que Deus coincide com a Natureza. Deus é tudo, escreveu, e tudo é Deus. Com efeito, em pelo menos uma ocasião ele tratou "Deus" como apenas mais um nome da Natureza. Ou seja, o Deus de Espinosa não é uma inteligência que se coloca fora de tudo e que, pela força de sua vontade, criou o universo e as leis físicas que o regem. Seu Deus é tão somente o conjunto completo das leis físicas consideradas sob um aspecto diferente. Esse Deus não age com objetivos em mente, como o Deus das escrituras. Tampouco – para responder à pergunta brincalhona de Einstein – o Deus de Espinosa teria qualquer escolha acerca daquilo que é ou será. Uma vez que incorpora as leis da natureza, Deus não pode agir de forma contrária a essas leis. Deus age de modo mecânico e determinista. Todas as coisas são exatamente como têm de ser[15].

Não seria possível eliminar esse deus como mero enfeite? Se a Natureza, na forma de leis físicas deterministas, é tudo e explica tudo, e faz isso sem nenhuma ambição, plano ou objetivo, por que introduzir um deus na história? Aventou--se a hipótese de que Espinosa, que levava vida reclusa e não

---

[15] Ver Baruch de Espinosa, *Ética* (1677), parte I, "Sobre Deus".

almejava nem à fama nem ao simples reconhecimento, tenha escrito em seu estilo enrolado e obscuro na esperança de que somente uns poucos leitores solidários compreendessem seu verdadeiro ponto de vista. Talvez tenha jogado Deus como confete sobre seus textos para disfarçar, ainda mais, e melhor esconder, seu ateísmo radical. Mas isso parece extremamente improvável. Espinosa foi rotulado de ateu de qualquer jeito. E seu Deus não é jogado como confete sobre seus argumentos, mas coloca-se no centro deles. Precisamos de uma explicação melhor para o fato de Deus estar lá.

Muitos estudiosos descrevem Espinosa como um "panteísta", o que, na opinião deles, significa apenas que ele encontrava Deus em todas as coisas. Os filósofos discordam sobre o que seja um panteísta. Stephen Nadler, um estudioso de Espinosa, rejeita tal qualificação para o filósofo, porque, a seu ver, os panteístas adotam uma atitude de adoração à natureza, que incorpora o seu deus, e Espinosa negou que tal atitude fosse apropriada[16]. Devemos ter, no entanto, certo cuidado com essa ideia. Einstein muitas vezes citou Espinosa como um predecessor: disse que o deus de Espinosa era também o seu deus. Einstein não acreditava num deus pessoal, mas "adorava" a natureza. Encarava-a com reverência e admiração, e pensava que tanto ele quanto os outros cientistas deviam sentir-se humildes diante de sua

---

[16] Steven Nadler, "'Whatever Is, Is in God': Substance and Things in Spinoza's Metaphysics", em *Interpreting Spinoza: Critical Essays*, org. Charlie Huenemann (Cambridge: Cambridge University Press, 2008), p. 69.

beleza e seu mistério. Ou seja, manifestava uma fé religiosa na natureza. Espinosa não achava o universo belo. Pelo contrário, negou redondamente que fosse belo ou feio; considerava-o esteticamente inerte. Mas não o considerava ética ou moralmente inerte. Pensava que a melhor maneira de viver consiste em se esforçar para adquirir o conhecimento das leis fundamentais da natureza. Também pensava que a natureza é a verdadeira base da justiça e da moral pessoal e política liberal que endossava. Stuart Hampshire, eminente autoridade em Espinosa, descreveu da seguinte maneira sua atitude religiosa:

> O que faz com que as verdades morais sejam verdadeiras, o fundamento delas, não será encontrado na autoridade de Deus Pai e Deus Filho, tais como são postulados na lenda cristã, mas na estrutura da realidade e no lugar que os seres humanos ocupam dentro dela. O fundamento das verdades morais será encontrado na constituição permanente da realidade, de como as partes se combinam para formar totalidades e, portanto, de como as pessoas individuais podem se combinar para formar totalidades sociais de acordo com as condições universais de coesão e estabilidade.[17]

---

[17] Stuart Hampshire, *Spinoza and Spinozism* (Nova York: Oxford University Press, 2005), p. 19.

Richard Dawkins disse que o panteísmo é apenas um ateísmo "enfeitado" (*sexed-up*). Entendo o que ele quis dizer, mas a expressão que usou está errada, pois sugere uma espécie de golpe publicitário. Dawkins também disse que, quando os panteístas falam de Deus, estão se referindo apenas às leis da física. Também há certa verdade nisso, desde que se entenda que os panteístas a que ele se refere estejam falando somente acerca da realidade física. Ambos os comentários de Dawkins deixam de lado o mais crucial: a atitude religiosa que Espinosa e a maioria das pessoas que se consideram panteístas têm em relação à natureza, que dizem ser idêntica a Deus ou na qual afirmam residir um deus não pessoal. Alguns deles descrevem essa atitude dizendo que ela reflete uma experiência "numinosa" – a sensação de algo não racional e profundamente comovente. Tillich, na citação a que me referi, também usa essa palavra. Carl Sagan, famoso astrônomo que afirmou não acreditar num deus pessoal, usou igualmente a palavra "numinoso" ao declarar suas convicções. Nas palavras de uma comentadora, Sagan queria dizer que "reverenciava o universo. Estava profundamente imbuído de admiração respeitosa, de maravilhamento e da incrível sensação de pertencer a um planeta, uma galáxia, um cosmos que inspira devoção tanto quanto inspira descobertas"[18].

---

[18] Nancy K. Frankenberry, org. *The Faith of Scientists: In Their Own Words* (Princeton, NJ: Princeton University Press, 2008), p. 222.

O que Dawkins não percebe é que, para os panteístas, a experiência numinosa é a experiência de algo que eles consideram *real*. Não é uma mera experiência emocional, cuja origem e conteúdo podem ser explicados por suas vantagens evolutivas ou por alguma necessidade psicológica profunda. Os panteístas acreditam haver maravilhamento, beleza, verdade moral, significado ou alguma outra coisa de valor *naquilo* que experimentam. A reação deles é produzida por uma convicção de valor e uma resposta a essa convicção; não pode ser corretamente entendida sem se reconhecer que seu objeto é um valor real. Não devemos dizer que os panteístas – e aí incluo Espinosa –, embora não creiam num deus pessoal, creem num deus não pessoal. Seria muito mais claro e preciso chamá-los de ateus religiosos. Temos aqui outro exemplo do valor dessa categoria. Já não precisamos da obscura ideia de um deus não pessoal.

2

O UNIVERSO

A física e o sublime

Muitas coisas do mundo natural nos parecem belas: desfiladeiros arrebatadores, lindos pores do sol, onças à espreita e a rosinha branca que, no dizer do poeta, parte o coração[*]. Para o naturalista, toda essa beleza é mera reação nossa a esses objetos: o prazer que temos ao vê-los. Para a atitude religiosa, trata-se da descoberta de uma beleza inata: tais objetos são maravilhosos em si mesmos, não em virtude do modo como nos impressionam. Isso não é realismo fundamentado: não supomos que temos uma capacidade especial de detecção da beleza, capacidade que de algum modo possa ser validada independentemente. Mesmo assim, sabemos que o pôr do sol é bonito.

---

[*] Referência ao poema "The Little White Rose", de Hugh MacDiarmid: "The rose of all the world is not for me. / I want for my part / Only the little white rose of Scotland / That smells sharp and sweet – and breaks the heart." (A rosa do mundo inteiro não é para mim. / Quero somente para meu quinhão, / A rosinha branca da Escócia, / Que cheira forte e doce – e parte o coração). [N. do T.]

No entanto, a beleza que encontramos na natureza é, em certo sentido, especial e enigmática. Você vê o Grand Canyon pela primeira vez e fica encantado, tomado de reverente admiração. Mas logo fica sabendo que, ao contrário do que todos pensam, o Canyon foi, na verdade, criado há pouco tempo por hábeis arquitetos e artistas da Disney Corporation para ser a sede do maior parque temático que o mundo já conheceu. Talvez você admire os artistas e o tamanho da ambição do projeto, mas o maravilhamento especial se perde. Pense agora numa linda flor. Você fica sabendo que ela é, na verdade, uma brilhante reprodução japonesa, indistinguível de uma flor de verdade não só em sua cor e em sua forma, mas também no odor e na textura. Você admira a habilidade, mas a magia vai embora. A lição parece clara. Não se trata somente de a natureza conter objetos belos em si mesmos; além disso, a maravilha desses objetos depende do fato de ter sido a *natureza* que os produziu, e não a inteligência e a habilidade humanas.

Em outros contextos, valorizamos uma criação humana mas desdenhamos um objeto idêntico criado por acidente. *Polos azuis*, de Jackson Pollock, é maravilhosa; mas uma pintura idêntica, criada talvez pela explosão de uma fábrica de tintas, não teria nenhum valor, exceto como curiosidade. Não obstante, o Grand Canyon é arrebatador exatamente pelo fato de *ter sido* criado por acidente e não por uma intenção. O que explica ou justifica a diferença? Eis uma hipótese: a natureza pode ser particularmente bela em seus detalhes porque ela é bela em seu todo. O Grand Canyon é um acidente de tipo extraordinário: faz parte de uma história de criação e evolução que consideramos grandiosa e até nobre, e cujo autor personificamos como a Natureza.

Neste capítulo, deixaremos de lado os valores religiosos espontâneos que preenchem a vida de quase todos nós – as responsabilidades que temos para com a nossa vida e a vida dos outros –, a fim de explorar um valor religioso muito diferente: a beleza celestial que embriagava Einstein e muitos de seus colegas. Os teístas identificam o autor dessa beleza com um deus: creem que um deus deliberadamente criou o Canyon, embora não tenha criado, talvez, a explosão na fábrica de tintas. Porém, o ateu inspirado por uma reverente admiração deve encontrar outro jeito de explicar por que o fato de o Canyon fazer parte de um processo evolutivo geral o dota de dramaticidade especial. A razão tem de ser que esse processo evolutivo e o grandioso universo por ele criado são, em si mesmos, fontes de beleza. Esse pensamento não é acessível a um naturalista. Para ele, só podem ser belas aquelas partes do universo que produzem prazer em nossos sentidos. O universo como um todo lhe parece ser um acidente incalculavelmente vasto de gases e energia. A religião, ao contrário, vê nesse universo uma ordem profunda e complexa, que irradia beleza. Essa convicção é antiga e foi objeto de crença inabalável para filósofos, teólogos e cientistas de todas as épocas: Platão, Agostinho, Tillich e Einstein, por exemplo. Para os teístas, é óbvio o porquê de o universo ser sublime: foi criado para sê-lo. Agora perguntamos que razão um ateu religioso pode ter para justificar a mesma convicção.

Para ele, tal convicção deve partir da ciência. Ele deve se apoiar não na teologia, mas na física e na cosmologia: a ciência deve dar ao ateu religioso pelo menos um vislumbre de um universo apto à beleza. Mas a convicção de beleza não é, em si mesma, uma questão de ciência: o que quer que a física revele sobre a matéria escura e as galáxias, os fótons e os *quarks*, a questão religiosa permanece. De que maneira pode ser belo um universo composto dessas partes? A resposta a essa pergunta permanece, a meu ver, obscura. As conquistas mais dramáticas da cosmologia e da física de partículas ainda não descreveram um universo que corresponda à alegação que os cientistas religiosos fazem a seu respeito: a física ainda está por revelar um universo cuja beleza possamos efetivamente compreender. Assim, a convicção religiosa ultrapassa a ciência que ela presume. Dessa forma, os dois ramos da religião – o teísta e o ateísta – tendem a convergir. Conquanto de maneiras diferentes, ambos se apoiam na fé.

Já citei Einstein, que disse que "o âmago da verdadeira religiosidade" é uma apreciação da "radiante beleza" do universo. Ele também disse o seguinte: "A coisa mais bela que podemos experimentar é o misterioso. É ele a fonte de toda arte e ciência verdadeiras. Aquele que é alheio a essa emoção, que já não é capaz de parar para maravilhar-se e quedar-se arrebatado e atônito, é como se estivesse morto: seus olhos estão fechados."[1] Einstein tinha em mente os mistérios que passara a vida tentando decifrar, e são esses os mistérios de que nos ocuparemos agora. Prevejo que "beleza" lhe parecerá uma palavra por demais indiscriminada e limitada para capturar as reações que Einstein descreveu e que incluem sensações de maravilhamento, arrebatamento e pasmo. Essas ideias são todas diferentes entre si, mas os cientistas cujos textos li usam a palavra "beleza" para se referir a todas; creio igualmente que essa palavra, com toda a sua amplitude e vagueza, servirá para fazer referência aos fenômenos que pretendo explorar.

A fé na beleza da natureza, que Einstein tinha, é aparentemente partilhada pela maioria – embora não todos – dos físicos que trabalham nas dramáticas fronteiras de sua disciplina. Eis uma pequena amostra dos títulos que encontrei em meus estudos: *The Elegant Universe* [O universo elegante]; *Fearful Simmetry: The Search for Beauty in Modern Physics* [Feroz simetria: a busca da beleza na física moderna]; e *Deep Down Things: The Breathtaking Beauty of Particle Physics* [No fundo das coisas: a beleza arrebatadora da física de partículas][2]. Eis

---

[1] Em *Living Philosophies: The Reflections of Some Eminent Men and Women of Our Time*, org. Clifton Fadiman (Nova York: Doubleday, 1990), p. 6.

[2] Brian Greene, *The Elegant Universe: Superstrings, Hidden Dimensions, and the Quest for the Ultimate Theory* (Nova York: W. W. Norton, 2003); Anthony Zee, *Fearful Symmetry: The Search for Beauty in Modern Physics* (Princeton, NJ: Princeton University Press, 2007); Bruce A. Schumm, *Deep Down Things: The Breathtaking Beauty of Particle Physics* (Baltimore: Johns Hopkins University Press, 2004).

uma amostra de uma declaração da missão que esses cientistas entendem ter, representada, no caso, pelas ambições de seu capitão: "Einstein queria iluminar o funcionamento do universo com uma clareza nunca antes obtida, permitindo que todos nós ficássemos pasmos diante de sua beleza e elegância."[3] Nesses livros não há o menor indício de que o universo seja belo somente porque um deus o fez. Os autores não negam a criação divina, mas declaram que o universo, tanto em seus aspectos infinitamente grandes quanto nos infinitamente pequenos, é belo em si, independentemente de quem quer que o tenha criado, se é que criou mesmo. Eles declaram que o universo é objetivamente belo.

Contudo, meu pouco conhecimento dá a entender que eles não chegaram a responder adequadamente às duas questões que vão dominar este capítulo, ou mesmo a reconhecê-las. Em primeiro lugar, que papel essa fé na beleza objetiva desempenha nas pesquisas e nas especulações concretas de qualquer físico? Steven Weinberg, laureado com o Prêmio Nobel, disse:

> Inúmeras vezes, os físicos são guiados por seu senso de beleza, não somente para desenvolver novas teorias, mas até para julgar o valor de teorias físicas já desenvolvidas. Parece que estamos aprendendo a prever a beleza da natureza em seu nível mais

---
[3] Greene, *The Elegant Universe*, p. xi.

fundamental. Nada nos encoraja tanto a crer que estamos efetivamente avançando rumo à descoberta das leis finais da natureza.[4]

Isso dá a entender que a beleza de uma hipótese científica é indício da sua veracidade. Mas como isso pode acontecer? A questão de uma teoria ser bela parece muito diferente da questão de ela ser verdadeira. Qual seria, porém, a alternativa? Deveríamos dizer que, ao contrário, a beleza de uma hipótese científica verdadeira é mera coincidência? Seria somente uma feliz casualidade se as "leis finais da natureza" se revelassem belas? Nesse caso, por que Weinberg considera "encorajador" que as teorias ora em voga pareçam belas? Podemos imaginar algum outro papel a ser desempenhado pela ideia de beleza, além das alternativas opostas de indício e coincidência?

Em segundo lugar, em que *tipo* de beleza Weinberg e os outros físicos poderiam estar pensando? Que tipo de beleza podem esperar encontrar na dança das galáxias e dos *quarks*? Temos consciência de muitos tipos ou dimensões de beleza em nossa experiência terrestre. As pessoas belas são belas de um jeito diferente dos edifícios belos ou das belas jogadas de xadrez. Qual dos muitos tipos de beleza podemos, com alguma plausibilidade, ter a esperança de encontrar no cosmos

---

[4] Steven Weinberg, *Dreams of a Final Theory* (Nova York: Pantheon Books, 1992), p. 90.

ou num átomo? Nem o cosmos nem um átomo podem ser objetos da nossa experiência. Nesse caso, que tipo de beleza podemos supor que essas coisas têm? Temos de buscar responder a essas duas perguntas conjuntamente, uma ao lado da outra e por etapas.

De que modo a beleza pode orientar a pesquisa?

Que papel a ideia de beleza cósmica pode desempenhar, se é que pode desempenhar algum, nas pesquisas em física de partículas, astrofísica e cosmologia? A ligação mais simples que podemos considerar, como indiquei, é que a beleza de uma teoria é indício de sua veracidade: a teoria mais bela tem, só por essa razão, maior probabilidade de ser verdadeira. O poeta John Keats disse que a beleza não é mero indício, mas prova conclusiva: "A beleza é a verdade, e a verdade, beleza", escreveu; "isso é tudo / O que sabeis na Terra, e tudo o que precisais saber"[5]. Sob essa ótica, se tivermos diferentes candidatas a uma teoria final de todas as coisas, mas não tivermos indícios decisivos em favor de nenhuma delas, nem pelos experimentos nem pela observação, a mais bela terá maior probabilidade de ser verdadeira.

Os naturalistas, evidentemente, negariam essa tese. Para eles, a beleza não pode ser indício da verdade, pois a verdade

---

[5] John Keats, "Ode on a Grecian Urn" (1820): "Beauty is truth, truth beauty, that is all / Ye know on earth, and all ye need to know".

depende de como as coisas são e a beleza depende somente do que decidimos chamar de belo. Podemos decidir que a teoria mais bela já inventada é a que diz que a Terra é sustentada por um elefante que se apoia sobre uma série infinita de tartarugas, mas isso não seria prova nenhuma de que o universo é feito de tartarugas de alto a baixo. No entanto, a sentença de Keats era aceita outrora por cientistas devotos do Deus da Capela Sistina. A beleza é indício de veracidade na astronomia, diziam eles, porque o Deus da Capela Sistina é um juiz infalível da beleza e quis que seu universo fosse belo. Os círculos são belos; por isso, é muito provável que as órbitas dos planetas em torno do Sol sejam circulares. De início, Johannes Kepler estava convencido da circularidade das órbitas, em razão desse argumento, muito embora suas observações parecessem contradizer essa conclusão. No fim, porém, curvou-se às observações e mudou de ideia. Podemos dizer que, para ele, a beleza era um indício da verdade astronômica, mas a prova da observação superou, por fim, a prova da beleza.

No entanto, os cientistas contemporâneos que declaram que o universo é belo não pressupõem que ele foi criado por um artista divino e, por isso, não podem supor que a beleza seja indício de verdade por essa razão. Que outra razão podem ter? Alguns filósofos da ciência sugeriram um poderoso vínculo conceitual: dizem que a beleza faz parte da *definição* da verdade na ciência: quando os físicos declaram que uma teoria é verdadeira, *querem dizer*, entre outras coisas, que ela é bela. Esta é uma leitura ainda mais forte da afirmação de

Keats: a beleza não é somente prova da veracidade de uma teoria, mas é parte daquilo que faz com que a teoria seja verdadeira[6]. A maioria dos físicos, no entanto, e inclusive a maioria dos maiores entre eles, são rigorosamente realistas no que se refere ao mundo físico. Creem que o universo realmente é de uma certa maneira, que sua missão consiste em descobrir como ele realmente é e que a questão de uma teoria ser verdadeira é completamente diferente da questão de ela ser bela. Com efeito, preferem teorias simples a teorias complexas e teorias elegantes a teorias desengonçadas; mas, quando dizem que o cosmos é belo, pensam estar fazendo uma afirmação impressionante a respeito da realidade. Não pensam estar fazendo apenas uma observação semântica acerca da definição de verdade na ciência.

Por outro lado, alguns grandes cientistas não são o que poderíamos chamar de realistas práticos. Pensam ser uma concepção errônea sobre a física a de que os físicos buscam descobrir uma teoria completamente independente de nossas mentes, que revele o universo tal como ele realmente é. Stephen Hawking descreveu há pouco tempo sua epistemologia científica "dependente de um modelo". Vários modelos diferentes podem se encaixar nos dados de observação disponíveis em qualquer momento particular do desenvolvimento da cosmologia.

---

[6] Cf. Hilary Putnam, *Ethics without Ontology* (Cambridge, MA: Harvard University Press, 2004), p. 67, no qual ele discute "juízos de valor intrínsecos à própria investigação científica: juízos de *coerência, simplicidade, plausibilidade* etc."

Quando tal modelo consegue explicar os acontecimentos, tendemos a lhe atribuir, e aos elementos e conceitos que o constituem, a qualidade de realidade ou de verdade absoluta. Mas pode haver diferentes maneiras de modelar a mesma situação física, cada uma das quais emprega elementos e conceitos fundamentais diferentes. Se duas teorias ou modelos físicos preveem os mesmos eventos com a mesma precisão, não se pode dizer que uma é mais real que a outra.[7]

Podemos adotar um modelo ou outro – sempre, porém, na dependência de novos dados de observação – por motivos que incluem a simplicidade e a elegância. Essa teoria da realidade cósmica "dependente de um modelo" efetivamente faz com que, num sentido especial, a beleza seja parte da verdade: de tempos em tempos, a beleza ou a elegância determina nossa escolha daquilo que vamos considerar verdadeiro.

Porém, como eu disse, a maioria dos físicos são realistas práticos. Partem do pressuposto de que existe um universo independente da nossa mente e que devem se esforçar para descobrir, na medida do possível, a verdade real acerca desse universo. Não podem pensar nem que a beleza seja prova da verdade nem que seja parte daquilo que torna verdadeira

---

[7] Stephen Hawking e Leonard Mlodinow, *The Grand Design* (Nova York: Random House, 2010), p. 7.

uma teoria. Será que devemos interpretá-los de modo muito diferente – devemos pensar apenas que, à medida que o tempo passa e as pesquisas avançam, eles vão tendo cada vez mais convicção de que o universo acabará por revelar-se belo? Sob essa ótica, os físicos buscam suas grandiosas teorias unificadas de acordo com os melhores métodos científicos, escolhem entre as candidatas perguntando-se qual delas melhor resiste às provas experimentais e, depois, separadamente, a partir de fundamentos estéticos independentes, julgam a beleza daquilo que descobriram. Sob essa ótica, seria um bônus se a melhor teoria, de acordo com tal critério independente, revelasse também a beleza cósmica. Mas essa é apenas a tese da "coincidência", que descartei há pouco: como a epistemologia de Hawking, ela não nos ajuda em nada a entender o que cientistas como Weinberg dizem sobre a beleza.

Para começar, sob essa ótica qualquer declaração de beleza seria assustadoramente prematura. Os físicos que proclamam a beleza do nosso universo admitem – e não têm outra escolha – que, por enquanto, é muito pouco o que sabem sobre ele. Eles identificaram quatro forças fundamentais da natureza: a gravidade, que rege a atração mútua de corpos grandes como estrelas, galáxias e seres humanos; a força eletromagnética, da qual a luz é uma das manifestações; a interação nuclear forte, que une os prótons e os nêutrons no núcleo do átomo; e a interação nuclear fraca, que provoca o decaimento radioativo. A teoria einsteiniana da primeira dessas forças, a gravidade, foi confirmada de modo tão espetacular que é quase impossível crer que esteja errada. Ao longo de muitas décadas, físicos brilhantes desenvolveram outra teoria, chamada de modelo-padrão, que explica como as outras três forças agem e interagem. Ela também foi confirmada de modo tão espetacular, e tantas vezes, que é igualmente quase impossível crer que esteja fundamentalmente errada. Ela previu, por exemplo, a descoberta de uma partícula antes desconhecida, o bóson de Higgs, que os físicos, não sem certa hesitação, agora acreditam ter sido efetivamente descoberta no gigantesco acelerador CERN, perto de Genebra.

Entretanto, restam problemas. O pior deles talvez seja o fato de que as duas teorias, confirmadas de modo tão espetacular, são incompatíveis: a teoria einsteiniana da gravidade e o modelo-padrão das outras três forças não podem ser ambos verdadeiros como teorias absolutamente gerais. Os físicos sonham com uma teoria "final" que reconcilie as duas teorias, encontrando simetrias que expliquem como a gravidade e as outras forças são, em nível mais fundamental, a mesma coisa. Há décadas que essa "teoria quântica da gravidade" é procurada, sem sucesso. Muitos físicos supõem que a reconciliação será encontrada na teoria das cordas, segundo a qual o universo, em seu nível mais fundamental, é construído de cordas infinitesimais e unidimensionais, que vibram em dez dimensões. Mas outros rejeitam essa hipótese, e nenhum dos que a apoiam chegou a elaborar um conjunto totalmente coerente de equações que descrevam as vibrações dessas cordas.

O modelo-padrão, além disso, não proporciona nenhuma base teórica para as propriedades das partículas por ele identificadas – propriedades como a sua massa relativa, que precisa ser determinada por observação e parece arbitrária. Em todo caso, os físicos agora creem que 96% de tudo que existe são energia e matéria "escura", que nenhuma das duas teorias dominantes e incompatíveis consegue explicar. Alguns deles creem que nosso universo é único; outros acreditam ser ele apenas um entre um número absurdamente grande de universos, espalhados em dimensões que sequer podemos começar a sondar. Ou seja, os físicos percebem e afirmam a beleza numa totalidade de existência acerca da qual são, antes de tudo, ignorantes. Por isso, físicos responsáveis não podem supor que descobriram o suficiente acerca do universo para poderem ter a convicção de que ele, por mera coincidência, também é belo.

Há, no entanto, uma terceira possibilidade, muito mais persuasiva. A beleza cósmica não é nem uma prova nem uma coincidência: é uma presunção – ou, antes, um aspecto de uma presunção. Os físicos que creem que o universo tem grande beleza também creem que ele tem algum tipo de unidade fundamental: presumem que existe, à espera de ser descoberta, uma explicação ampla, simples e unificada de como o universo nasceu e como ele funciona, desde a maior galáxia até a mais ínfima partícula. Weinberg descreve a busca dessa explicação fundamental como "o sonho de uma teoria final". Dada a imensidão dos mistérios e a vastidão das incertezas da física contemporânea, pode parecer surpreendente que esse sonho seja tão largamente partilhado entre os físicos. Ele não é, no entanto, universal. Marcelo Gleiser, por exemplo, declara suas reservas no livro *A Tear at the Edge of Creation*[8]. Ele suspeita de que o universo, em última análise, não é unificado, mas imperfeito. Assim, não comunga da visão de que o universo é belo: sustenta que somente a vida humana, e não o universo inanimado, pode ter valor intrínseco. Pensa que há beleza em nossas vidas e naquilo que criamos, mas não nas galáxias e átomos inconscientes. Somos maravilhosos, declara; mas se não há uma teoria unificante, não há maravilhamento no espaço em si.

Essa conexão aparentemente forte entre os dois pressupostos – o de que o universo é compreensível por meio de uma teoria final e o de que ele é dotado de uma beleza transcendente – dá a entender que o segundo faz parte do primeiro. *Faz parte* do sonho a ideia de que a teoria unificada venha a irradiar essa transcendente beleza. Essa ideia, em si, não é uma hipótese científica segundo um conceito estritamente empirista da ciência. De acordo com esse conceito, as metas puramente

---

[8] Marcelo Gleiser, *A Tear at the Edge of Creation: A Radical New Vision for Life in an Imperfect Universe* (Nova York: Free Press, 2010).

científicas se reduzem à explicação e à previsão de tudo o que pode ser observado. Na década de 1960, com o desenvolvimento da tecnologia dos aceleradores para a detecção de partículas subatômicas, um grande número de partículas novas, diferentes e aparentemente independentes – *léptons* e *glúons* de vários tipos – foi devidamente descoberto. Os físicos reclamaram de que haviam apenas descoberto um zoológico: disseram que o próximo a descobrir uma partícula deveria pagar uma multa. Entretanto, na ambição puramente científica de descobrir uma explicação ampla e logicamente coerente para todas as coisas observáveis, não há nada que exclua a possibilidade de haver um tal zoológico. Imagine que os cientistas fossem capazes de compor uma lista muito longa e exaustiva das partículas subatômicas que descobriram usando a tecnologia disponível, juntamente com uma descrição completa de como cada partícula se comporta, em todos os contextos físicos, diante de todas as outras partículas da lista. Suponhamos ainda que a lista permitisse uma previsão precisa de observações repetidamente confirmadas. Toda teoria científica tem de parar em algum lugar. Será que a amplitude ou o valor preditivo de uma teoria perfeitamente coerente de todas as coisas seria maculado se ela parasse no ponto em que todas as observações e previsões a confirmassem?

Sabemos, porém, que os bons cientistas não se contentam com teorias do tipo "lista". Eles ficaram insatisfeitos com o zoológico de partículas, e sua insatisfação gerou uma busca por um número menor de partículas mais básicas, cujas propriedades explicassem o caráter e o comportamento das partículas maiores, compostas por elas. Murray Gell-Mann, cujo trabalho abriu caminho para a descoberta dessas partículas mais básicas, chamou-as de *quarks*, nome tirado do *Finnegans Wake*, de James Joyce. Na verdade, acabou sendo preciso reconhecer a existência de um número substancial de diferentes espécies de *quarks*, mas esse número é relativamente baixo, de modo que o tamanho do zoológico diminuiu. Essa diminuição é encarada como um importante avanço. Por outro lado, se o estudo dos *quarks* não permitir previsões mais seguras dos fenômenos naturais do que a permitida pela desengonçada lista, não poderemos dizer que a explicação que eles fornecem é mais abrangente do que a que a lista nos garante. A incansável busca da ciência por teorias mais simples e cada vez mais abrangentes não pode ser explicada simplesmente como uma busca por hipóteses mais confiáveis, que se aproximem mais da verdade. Deve ser explicada também como uma busca pela beleza.

As explicações que rejeitamos – que a beleza é prova da verdade ou parte da definição da verdade, ou que a física já fez descobertas suficientes para poder declarar a beleza por coincidência – invertem o sentido da explicação. Os físicos veem beleza no que descobriram até aqui porque imaginam uma beleza final e totalmente abrangente, e, depois, irradiam o brilho dessa beleza sobre cada passo que leva à sua revelação. Chamam suas descobertas de "belas" por procuração: são belas porque parecem apontar para uma beleza final ainda desconhecida, ainda misteriosa. Consideraremos a seguir de que espécie de beleza poderá ser essa beleza final. Mas, antes, devemos observar que a fé dos físicos, ou pelo menos de grande parte deles, se encaixa naturalmente numa categoria que já havíamos construído. Trata-se de uma convicção sentida de que o universo realmente incorpora uma beleza sublime, convicção essa que não pressupõe nenhum deus como fundamento dessa beleza. Embora seja certo que muitos físicos rejeitariam esta designação, trata-se de um exemplo de ateísmo religioso.

Mas de que espécie de beleza estamos falando?

Temos de procurar alguma compatibilidade entre o que chamei de beleza terrestre – as formas e dimensões da beleza que encontramos em nossa vida comum – e o tipo de beleza que possamos imaginar existir no universo, que não vemos e não podemos ver. Claramente, não seria adequado simplesmente inventar uma nova forma de beleza *ad hoc*. Temos de procurar explicar por que aquilo que esperamos encontrar também é "beleza" tal como já a conhecemos. A resposta que acabo de sugerir à nossa primeira pergunta, acerca do papel que a beleza desempenha nas pesquisas científicas, impõe à nossa busca uma nova condição. Temos de encontrar um tipo ou forma de beleza compatível com o pressuposto de beleza que identifiquei, demonstrando assim que é sensato, para os cientistas que procuram avançar rumo a uma explicação compreensível, fundamental e final de todas as coisas, presumir que essa explicação final manifeste uma beleza magnífica. Caso contrário, não teremos realmente respondido à nossa pergunta; não teremos explicado o papel que a presunção da beleza desempenha na pesquisa e na especulação.

Temos de tentar atender a estes dois requisitos – o requisito da beleza e o requisito da presunção – de modo semelhante àquele pelo qual resolvemos equações matemáticas simultâneas: encontrando uma compreensão da beleza que responda às duas exigências. Poderíamos ser tentados por uma solução fácil: se encontrarmos uma explicação abrangente do universo inteiro, já teremos demonstrado automaticamente que o universo é maravilhosamente belo: é belo por ser compreensível. Mas, e se essa explicação final, abrangente, fosse semelhante ao zoológico de partículas que descrevi – uma imensa lista de equações que um supercomputador, levando horas, poderia usar para prever e, portanto, explicar tudo? Acaso isso evidenciaria a beleza do cosmos? Ou evidenciaria antes sua imperfeição, como diz Gleiser? Devemos dizer, então, que uma explicação final será bela se for simples? Contudo, o que se quer dizer com "simplicidade" está longe de ser claro, e, de qualquer maneira, o requisito de simplicidade vai muito além do requisito de explicação abrangente. Teríamos de determinar qual forma de simplicidade é bela e, mais importante ainda, por quê. A teoria de alguns economistas de que todo o comportamento humano é motivado por uma concepção estreita de interesse próprio econômico parece tão simples quanto poderia ser qualquer teoria do comportamento. Mas, enquanto teoria, não é nem um pouco mais bela que uma teoria mais complexa e cheia de nuances, que dê lugar também para o altruísmo. Acaso uma combinação de xadrez que chega ao mate em três jogadas é mais bela que outra, igualmente inexorável, de vinte jogadas?

Assim, não é tão fácil resolver nosso problema de equações simultâneas. Precisamos de uma concepção de beleza que seja ao mesmo tempo independente e intimamente coordenada com o sonho de uma teoria final. Poderíamos começar refletindo sobre tipos e dimensões de beleza mais familiares. Não seria descabido situá-los numa escala que vá do puramente sensorial ao puramente intelectual; quase todas as coisas que consideramos belas têm seu lugar nessa escala. Sem dúvida, existem casos puros de uma bela sensação cromática. Porém, a maior parte do que chamamos de beleza sensível – a beleza das pessoas, das pinturas e das canções – situa-se, na verdade, a uma certa distância do polo sensorial, aproximando-se do polo intelectual. Percebemos essa beleza através de uma lente ou de um filtro de conhecimentos ou suposições. Isso parece evidentemente verdadeiro no que se refere à arquitetura, à poesia e à música séria: todas essas coisas têm um apelo imediato, mas esse apelo depende de diversos pressupostos históricos e outros. Algumas grandes pinturas nos parecem arrebatadoras e provocam uma resposta sensorial imediata. Todavia, essa resposta também é permeada de crenças: a crença de que a tela foi pintada por Rothko, talvez em determinado momento de sua carreira, de que Rothko tinha certas intenções e compromissos ao pintar como pintava, e por aí afora. Na direção da extremidade intelectual da escala, a percepção e o sensorial desempenham um papel menor, ou mesmo insignificante. A beleza da combinação de vinte jogadas de xadrez, de um brilhante argumento jurídico ou de uma prova matemática é puramente intelectual.

Simetria?

Talvez pareça óbvio que qualquer forma de beleza que possamos atribuir ao universo como um todo ou à organização de suas partes infinitesimais terá de se alojar na extremidade intelectual do espectro. Não é concebível que vejamos quer o todo, quer sua menor parte; como ter uma reação sensorial diante de qualquer um dos dois? Mas um número impressionante de físicos oferece à nossa pergunta uma resposta que, à primeira vista, parece vincular a beleza nos mundos da física com a beleza sensorial da nossa experiência. Pensam que tanto a beleza cósmica quanto boa parte da beleza terrestre têm sua raiz numa mesma virtude estética: a simetria.

Anthony Zee, por exemplo, cita o poema de Blake sobre a "feroz simetria" do tigre no título de seu livro sobre a beleza do mundo físico fundamental. É verdade, sem dúvida, que a simetria nos parece agradável aos olhos, e que boa parte das coisas que declaramos bonitas, do Taj Mahal ao rosto de Angelina Jolie, exibe uma simetria clássica e atraente. Maravilhamo-nos perante a simetria hexagonal de um floco de neve ao microscópio. Também é verdade, como veremos, que os pressupostos de simetria têm desempenhado um papel crucial e, nos últimos tempos, dominante na física teórica. A questão é saber se a simetria que nos deleita na experiência sensível e as simetrias que os físicos citam são suficientemente aparentadas para que possamos atribuir ao universo algo suficientemente semelhante à beleza sensorial que a simetria nos proporciona em nossa vida cotidiana.

Devemos partir de uma definição geral de simetria, uma definição que, tecnicamente, se aplique tanto ao exemplo cosmológico quanto aos exemplos cotidianos. Simetria significa invariância sob uma transformação ou substituição estipulada: algo manifesta simetria em relação a determinada transformação quando essa transformação deixa algo intocado na forma original. A esfera tem simetria rotacional plena em todas as dimensões: tem o mesmo aspecto ao ser girada em qualquer das três dimensões. Já o quadrado tem simetria de 90 graus em uma dimensão: parece idêntico somente quando é girado 90 graus em um plano. O floco de neve tem simetria hexagonal: parece igual quando é girado 60 graus. O Taj Mahal tem simetria rotacional de 90 graus. O rosto de Angelina Jolie tem simetria bilateral: parece o mesmo tanto no espelho quanto visto diretamente.

Todas essas simetrias são terrestres. As simetrias que figuram na física são bastante diferentes. As mais importantes talvez pareçam ser as mais óbvias. As leis básicas da natureza são invariantes em qualquer transformação de tempo, espaço e orientação. Um experimento confirma as mesmas leis, quer seja realizado na Islândia, no Chile ou (teoricamente) num exoplaneta a 300 milhões de anos-luz de distância. As leis de Massachusetts são diferentes das de Rhode Island, mas a natureza não tem leis diferentes em lugar nenhum. São essas as simetrias físicas que podemos chamar de simetrias de fundo. As simetrias específicas talvez pareçam mais dramáticas. Einstein, em sua teoria da relatividade especial, demonstrou que as mesmas leis se aplicam a dois experimentadores, cada um dos quais se desloca numa velocidade diferente da do outro, mas constante: a luz, vista por um e outro, se desloca na mesma velocidade. Em sua teoria geral, ele demonstrou que as leis são constantes para dois experimentadores que se deslocam não somente em velocidades diferentes, como também em acelerações diferentes: a luz ainda viaja na mesma velocidade para um e outro. David Gross, ganhador do Prêmio Nobel, escreveu: "o grande avanço de Einstein em 1905 foi o de pôr a simetria em primeiro lugar, encarar o princípio da simetria como a principal característica da natureza, que constrange as leis dinâmicas admissíveis"[9]. O sucesso do modelo-padrão está exatamente na simetria que se manifesta em suas equações fundamentais de partículas e forças.

Brian Greene falou em nome de todos os físicos:

> Os físicos também creem que [suas] [...] teorias estão no caminho certo porque, de um jeito difícil de descrever, elas *parecem* corretas, e a ideia de simetria é um elemento essencial dessa sensação. [...] as teorias das três forças que não a gravidade – o eletromagnetismo e as interações nucleares forte e fraca – fundam-se em outros princípios de simetria, um pouco mais abstratos, mas igualmente cogentes. Assim, as simetrias da natureza não são meras consequências das leis naturais. Do ponto de vista moderno, que é o nosso, as simetrias são os fundamentos dos quais nascem as leis.[10]

Nossa questão, porém, não é saber se a simetria é um elemento crucial da busca científica por uma teoria "final", mas se a simetria explica a presunção posterior, de que a teoria final revelará uma beleza resplandecente. Os físicos parecem

---

[9] David J. Gross, "Symmetry in Physics: Wigner's Legacy", *Physics Today*, dez. 1995, p. 46.

[10] Brian Greene, *The Fabric of the Cosmos: Space, Time, and the Texture of Reality* (Nova York: Vintage, 2005), p. 225.

pensar que sim. Aventei a hipótese de que eles talvez se sintam atraídos por essa fusão de arte e ciência porque a simetria terrestre é tantas vezes agradável aos nossos olhos: tendemos a admirar a simetria de edifícios e do rosto humano, e amiúde somos perturbados pela assimetria. Não obstante, a identificação direta da beleza cósmica com a simetria cósmica parece muito rudimentar. Admito que as simetrias do universo parecem tão impressionantes e dramáticas, mesmo na pequena medida em que já foram descobertas, que devem ter algum papel a desempenhar no pressuposto já descrito de uma beleza cósmica final. Mas ainda precisamos de uma explicação mais profunda do motivo de isso ser assim.

Por que muito rudimentar? Em primeiro lugar, a simetria, ao contrário do que essa identificação pressupõe, nem sempre é tão agradável em nossa vida comum. São a simetria bilateral e a simetria radial que nos parecem mais agradáveis, mas elas muitas vezes provocam mais tédio do que sensação de beleza. Um deserto sem dunas e sombras teria simetria radial completa na dimensão da nossa visão: pareceria igual para todos os lados em que olhássemos. Mas seria tedioso, ao passo que um deserto com dunas aleatórias, que projetam sombras, é lindo.

Temos de tomar cuidado, ainda, com uma importante ambiguidade na noção terrestre de simetria. Às vezes, quando elogiamos a simetria, não temos em mente nenhuma forma de invariância. Dizemos que uma pintura ou um soneto revelam simetria quando seus componentes se equilibram de forma satisfatória, embora não tenham simetria radial nem nenhum outro tipo de simetria no sentido técnico. *The New American Dictionary* diz que esse uso da palavra é "especial"; define-a como "uma proporção agradável das partes de uma coisa". Um edifício radicalmente assimétrico pode ser simétrico nesse sentido: o Edifício Lloyd's, de Richard Rogers, em Londres, por exemplo, ou a sede da CCTV, de Rem Koolhaas, em Pequim. Todavia, o mero equilíbrio na arte tampouco é sempre agradável: pode ser mecânico. Saber se a simetria em qualquer um desses dois sentidos é garantia de beleza é uma questão complexa, na qual entram muitos fatores. Além disso, a simetria está próxima do polo terrestre da beleza: consideramo-la agradável aos olhos. As leis da física que manifestam simetria encontram-se, ao contrário, na extremidade puramente intelectual do espectro; se dão beleza ao universo, essa beleza é puramente intelectual. Deve ser a beleza das equações e das leis que explicam essas simetrias – aquele tipo de beleza intelectual pura que caracteriza uma elegante prova matemática, por exemplo. Mas a simetria não desempenha papel evidente na beleza intelectual. Não consideramos mais bela uma prova matemática ou um argumento jurídico que contenha palíndromos.

De qualquer modo, é certo que, do nosso ponto de vista individual, as assimetrias que os físicos descrevem são pelo menos tão importantes quanto as simetrias. Embora o universo seja simétrico em várias dimensões, não é simétrico no tempo: o futuro é, em toda parte, diferente do passado. Toda partícula no universo tem uma antipartícula correspondente; quando elas se encontram, aniquilam-se mutuamente. Por sorte, o número de partículas é maior que o de antipartículas, pois, se esses números fossem simétricos, nada poderia existir. Algumas das simetrias mais impressionantes descobertas pelos físicos são aquelas que existiram apenas por um tempo extraordinariamente curto após o nascimento do universo, e que hoje só podem ser recriadas em aceleradores de partículas absurdamente gigantescos. Tudo o que aconteceu de lá para cá – a formação dos elementos químicos, por exemplo – aconteceu porque essas simetrias foram imediatamente rompidas. As simetrias iniciais têm uma imensa importância teórica. No entanto, podemos considerar que o universo é belo somente em razão desse momento tão breve? É fato que temos de reconhecer que a simetria é, de algum modo, um elemento importante da beleza celestial; temos de levar em conta aquilo que, nas palavras de Greene, "parece correto" aos cientistas. Mas precisamos fazer uma investigação mais profunda para explicar essa fé.

Acaso o universo "simplesmente é"?

Eis um antigo problema filosófico: acaso o universo "simplesmente é" de um determinado jeito? Não por um motivo qualquer, mas simplesmente porque ele é assim e ponto final? Será que a física teórica chegará um dia a um limite em que nada mais haverá para descobrir? Será que terminará apenas apontando o dedo para aquilo que simplesmente é do jeito que é?

O filósofo Gottfried Leibniz pensava que a solução "as coisas são do jeito que são" não tem sentido. Nada acontece, disse ele, a menos que haja uma "razão suficiente" para que aconteça. Deus fez o universo; por isso, o fato de Deus querer que ele seja assim é motivo suficiente para que ele seja como é. (Leibniz concluiu que nosso mundo é, portanto, o melhor dos mundos possíveis, pois Deus não teria tido razão para não fazê-lo tão bom quanto possível. Foi essa a tese ridicularizada por Voltaire em sua peça *Cândido*; ele inventou o sentimental Dr. Pangloss como discípulo de Leibniz.) Mesmo assim, pareceu plausível a alguns grandes filósofos e físicos que o mundo seja, simples e inexplicavelmente, do jeito que é, de tal modo que a ciência, por fim, não possa senão apontar para as coisas. Bertrand Russell declarou que "o universo está aí e isso é tudo"[11]. Richard Feynman, que alguns consideram o físico mais importante depois de Einstein, disse que podia ter a esperança de explicar como as coisas funcionam, mas não por que funcionam assim.

---

[11] Bertrand Russell e F. C. Copleston, "A Debate on the Existence of God", em *The Existence of God*, org. John Hick (Nova York: Macmillan, 1964), p. 175.

Temos de simplesmente aceitar, declarou, "a Natureza como ela é: absurda"[12].

O senso comum concorda com Leibniz. Parece natural pensar que, como quer que o universo seja configurado, deve haver uma explicação do porquê ele é configurado dessa forma. Se a teoria de Einstein não é capaz de explicar como eram as coisas no Big Bang, deve existir uma teoria melhor que o explique. Não podemos simplesmente dizer que a teoria não se aplica a coisas muito pequenas e esquecer o assunto. Os teístas, é claro, acreditam que há uma explicação de tudo: a explicação de Leibniz. O universo é do jeito que é porque Deus o fez dessa maneira. Mas se os ateus pensam que o universo é o que é, sem nenhuma explicação ulterior do porquê ele é assim, devem pensar, como Russell, que o universo é apenas um acidente cósmico eterno e inexplicável. Isso parece profundamente insatisfatório.

É verdade que, em alguns contextos, precisamos aceitar, e efetivamente aceitamos, respostas que põem fim a todo raciocínio. Se você me perguntar por que gosto de amêndoas, é sensato que eu responda: "Porque sim." Não nego que haja em algum lugar uma outra resposta – na genética ou na psicologia, por exemplo –, mas não imagino qual seja. Porém, não é esse tipo de resposta que você deseja: quer saber sobre

---

[12] Richard P. Feynman, *QED: The Strange Theory of Light and Matter* (Princeton, NJ: Princeton University Press, 1985), p. 10.

a minha motivação, e, dentro desse domínio, é possível que eu não tenha nada a dizer. Pode até acontecer de eu não saber explicar por que não tenho nada a dizer. A explicação pela motivação tem sempre um ponto final, e é aqui que ela termina para mim. A física, no entanto, deve ser o final absoluto de todo caminho explicativo. Se não houver nela uma explicação do nascimento e da história do universo, não haverá essa explicação em lugar nenhum.

É claro que uma explicação dos fenômenos naturais pode basear-se no acaso e na probabilidade: a mecânica quântica, pelo menos segundo certas interpretações, sustenta que o comportamento das partículas é totalmente indeterminado – elas desaparecem e reaparecem em modos e lugares totalmente imprevisíveis. Porém, os teóricos da física quântica deram plausibilidade às suas teorias mostrando de que maneira as probabilidades garantem a firme previsibilidade que encontramos no mundo visível: é assim que a indeterminação faz parte da explicação. Mas por que as probabilidades são como são? Até agora, a teoria quântica não nos proporcionou nenhuma resposta, e se a hipótese do acidente – a de que o universo simplesmente é de um determinado jeito, e acabou – estiver correta, talvez sequer haja resposta a ser oferecida. No final das contas, talvez apenas nos reste dizer que é assim que as coisas são.

Mesmo assim, isso continua parecendo profundamente insatisfatório. Para começar, os cientistas não poderiam jamais ter razão nenhuma para supor, em algum momento das eras vindouras, que chegaram ao ponto final e viram-se finalmente diante de uma muralha de absurdo. Não poderiam nunca ter nenhum motivo para rejeitar a possibilidade – a bem dizer, a probabilidade – de ainda poderem encontrar alguma nova expressão matemática, arranjo conceitual ou invenção que lhes permitisse sair do impasse. Mas isso significa que jamais poderiam ter nenhuma premissa sobre o universo, nem mesmo para pensar que ele é de determinado jeito. Mesmo que seja verdade que o universo é de um determinado jeito, ninguém poderia ter razão alguma para acreditar nisso.

Da perspectiva de um ateu religioso, ademais, há um motivo ainda mais grave para a insatisfação. Se o universo simplesmente é como é, sem que haja nenhum motivo para isso, não faria sentido presumir que ele é belo ou que inspira admiração. Num caso desses, só poderia ser belo por coincidência, se é que poderia. Pior: como não teríamos nenhum jeito de saber como ele simplesmente é, não poderíamos também saber se é belo, mesmo que apenas por coincidência.

Será que isso nos obriga a adotar a resposta contrária para esse antigo enigma filosófico? Devemos dizer que a explicação do universo que habitamos não tem fim – que não existe de modo algum uma teoria "final"? É possível que a explicação continue para sempre, numa regressão infinita, de tal modo que não possamos conceber que chegue um dia a um ponto final? Isso parece, no mínimo, igualmente insatisfatório. Nossos cientistas tampouco poderiam ter alguma razão para acreditar nisso. Como poderiam saber que não há uma teoria verdadeiramente final à nossa espera, bem perto de nós? E há outra dificuldade ainda mais básica: se houvesse uma regressão infinita das explicações, nunca teríamos justificativa para ter plena confiança em nada. Uma explicação posterior e mais profunda poderia demonstrar que algum pressuposto fundamental nosso não é verdadeiro, pelo menos a ponto de justificar as inferências que fazemos a partir dele.

De qualquer modo, essa resposta alternativa seria igualmente desditosa para a fé religiosa dos ateus na beleza do universo. E o seria por uma razão muito parecida. A presunção de beleza é uma presunção sobre como as coisas realmente são: a fé religiosa sustenta que o universo, no fundo, na explicação final de todas as coisas, é realmente belo. Mas essa presunção não faz sentido se não há fundo, se não há explicação final. Se tivermos de aceitar uma regressão infinita das explicações, é impossível que a beleza não seja senão superficial.

A inevitabilidade e o universo

Se aceitarmos qualquer uma das duas respostas mais simples à nossa questão filosófica, teremos de deixar de lado o pressuposto popular que mencionei: que o universo é passível, em última análise, de ser compreendido por meio de uma teoria totalmente abrangente. Não compreendemos o universo se declaramos que sua enorme vastidão e complexidade são um mero acidente que não podemos explicar, ou um enigma cuja resolução terá de prosseguir perpetuamente. Há, contudo, uma terceira possibilidade. Deixemos que o físico George Musser a descreva.

> [Os físicos] procuram reduzir todo o mundo físico a equações compactas o suficiente para serem impressas numa camiseta que todos os jovens inteligentes usariam. Na realidade, porém, as ambições dos físicos como *designers* de moda são mais modestas: eles têm a esperança de criar uma teoria que, de tão esplendorosamente óbvia, sequer precise ser escrita numa camiseta. [...] Vão descobrir que as coisas são como são porque não há nenhuma outra maneira pela qual poderiam ser. [...] É difícil criar uma teoria coerente em qualquer ramo da física, porque as belas hipóteses têm o péssimo hábito de ruir sob o peso de suas próprias contradições internas. Na verdade, os físicos derivam um prazer perverso do fato de estarem demorando tanto para descobrir uma teoria quântica da gravidade. Quando eles a descobrirem, terão alguma confiança em que ela esteja correta, pois provavelmente não haverá outra alternativa.[13]

---

[13] George Musser, *The Complete Idiot's Guide to String Theory* (Nova York: Alpha Books, 2008), p. 188.

Einstein tinha a mesma opinião. Embora não acreditasse num deus, gostava de invocar Deus metaforicamente, como as pessoas costumam fazer, como meio para descrever a verdade última. Quando lhe falaram pela primeira vez sobre o princípio da incerteza da mecânica quântica, Einstein disse que ele não poderia estar correto, pois "Deus não joga dados com o universo". A verdade sobre a estrutura do universo inteiro, pensava, não pode ser um acidente. Teria de ser uma verdade necessária. Talvez não "esplendorosamente óbvia", como quer Musser, mas inescapável mesmo assim.

Isso parece misterioso. Como o universo poderia ser *necessária* ou *inevitavelmente* de determinado jeito? Essa é uma proposição bem mais forte que a ideia muito mais familiar do determinismo físico e mental. Segundo esta, o futuro é totalmente determinado pelo passado: dadas as leis da natureza e o estado do mundo em qualquer momento específico do passado, o que acontecerá no futuro está totalmente determinado. Para a maioria das pessoas, a consequência mais assustadora do determinismo entendido nesse sentido é que os seres humanos não têm mais vontade livre: nossa sensação de que podemos decidir o que fazer é uma ilusão, pois o que faremos é determinado pelas leis da natureza que atuam em nosso cérebro. A tese da inevitabilidade vai muito além: insiste em que não somente as consequências das leis da natureza são inevitáveis dado um passado particular, mas que, também, as próprias leis da natureza são inevitáveis, bem como o ponto de partida originário.

O que poderia justificar pretensão tão forte, ou mesmo lhe dar algum sentido? Imagine uma teoria "final" que delineie leis amplas capazes de explicar como o universo começou e como está agora em seu todo e em cada uma das suas partes, leis que se encaixem em todas as observações atuais e prevejam todas as observações futuras. Suponhamos, ainda, que essa teoria não possa ser modificada em nenhum aspecto particular sem que seu poder explicativo seja completamente destruído; suponhamos, por exemplo, que qualquer mudança torne a teoria autocontraditória. Weinberg estabelece esse requisito para a teoria final que tem em mente:

> Uma vez que se tenha conhecimento dos princípios físicos gerais adotados por Einstein, compreende-se que não há nenhuma teoria da gravitação significativamente diferente que Einstein poderia ter sido levado a adotar. Como ele próprio afirmou acerca da relatividade geral: "O principal atrativo da teoria está em sua integridade lógica. Se uma única conclusão derivada dela mostrar-se errada, ela terá de ser abandonada; parece ser impossível modificá-la sem destruir toda a estrutura".[14]

Digamos que uma teoria desse tipo exibe uma "integridade forte". Infelizmente, a integridade forte não basta, por si só, para resolver o enigma filosófico que descrevi, pois é

---

[14] Weinberg, *Dreams of a Final Theory*, p. 135.

sensato perguntar, mesmo a respeito de uma teoria que atenda a essas condições, se é por acaso que a teoria que explica e prevê todas as observações tem integridade forte ou se há uma explicação anterior que mostre por que ela a tem. Mas acrescentamos agora um segundo requisito: a teoria que imaginamos deve *blindar* sua integridade forte de algum modo, proporcionando razões *decorrentes da própria teoria* que mostrem que a ideia de uma explicação anterior não é necessária, pois não faz sentido.

Afirmo que, na ciência, a inevitabilidade significa uma integridade forte blindada (*shielded strong integrity*). Apresentarei exemplos de tentativas de assegurar uma integridade blindada na física contemporânea. Mas devemos antes notar que o elemento científico das religiões teístas mais conhecidas é concebido de tal forma que satisfaz exatamente a essas condições de integridade blindada. É conhecido em todas as religiões teístas tradicionais o argumento de que a complexidade do nosso mundo, e em particular a extraordinária complexidade da vida humana, só pode ser plenamente explicada caso se suponha a criação por parte de uma inteligência sobrenatural, onisciente e onipotente. Uma vez aceita essa premissa, tudo o que fazemos ou podemos observar é explicado por essa criação: demonstra-se que, dadas as intenções que se imputam a esse poder sobrenatural, tudo isso é inevitável. A teoria de Leibniz é um exemplo simples. Mas o enigma filosófico ainda não foi solucionado. O que explica a existência de tal inteligência? Será somente um acidente? Nesse caso, a existência de todas as coisas será apenas uma ridícula coincidência. Será que algo, ao contrário, explica por que Deus existe? Mas então se desencadeia a regressão infinita. A ciência da religião teísta deve blindar-se contra essas questões.

A partir de Platão, mas, de modo mais explícito, na *Física* e na *Metafísica* de Aristóteles, pensou-se que a blindagem seria proporcionada pelo próprio dilema filosófico. Uma vez que todas as coisas que têm uma causa existem por uma razão, e uma vez que a regressão infinita é algo impossível, deve haver uma causa sem causa, um Primeiro Motor, um deus. Na filosofia medieval, a lógica tornou-se mais complexa. Santo Anselmo desenvolveu uma forma do argumento ontológico: uma vez que a própria ideia de Deus supõe sua existência, e uma vez que podemos compreender essa ideia, Deus tem de existir. Ou seja, Deus é uma necessidade conceitual, o que significa que não faz sentido supor quer que sua existência seja um acidente, quer que ela exija uma explicação causal. Há outras formas do argumento. Uma vez que Deus é eterno, por exemplo, ele está totalmente fora do tempo; e não podemos conceber nem a ideia de acidente nem a de causa fora de uma sequência temporal. Santo Agostinho disse praticamente a mesma coisa: uma vez que Deus criou o tempo, não faz sentido perguntar o que havia antes de Deus. Muita engenhosidade teológica foi e ainda é dedicada a esses argumentos, mas podemos compreendê-los todos como tentativas de blindar a integridade da ciência da religião teísta.

A matemática tem uma integridade forte. Nenhuma proposição matemática verdadeira pode ser rejeitada sem minar todo o sistema. Mas também precisamos de uma blindagem para essa integridade: precisamos explicar por que não vem ao caso exigir uma razão pela qual as verdades matemáticas sejam necessariamente verdadeiras. Para tanto, apontamos para o isolamento conceitual da matemática, que descrevi no capítulo 1: quando compreendemos o que é a matemática, vemos que não faria sentido supor que qualquer coisa, senão uma convicção ou um argumento matemático, poderia confirmar ou refutar uma proposição matemática. A questão de por que é necessariamente verdadeiro que cinco e sete são doze talvez exija uma demonstração matemática. Mas não faz sentido pedir uma explicação externa da necessidade matemática. Desse modo, o caráter necessário da matemática é blindado. Fiz a mesma alegação de integridade blindada para o domínio do valor, e essa alegação faz parte da minha teoria do realismo axiológico não fundamentado. Um sistema correto de convicções morais tem integridade forte – uma coerência em que cada juízo de moral pessoal ou político apoia todos os outros –, e essa integridade é blindada, como no caso da matemática, pela verdade conceitual de que nada, a não ser outro juízo de valor, pode corroborar um juízo de valor[15].

É fácil entender por que a matemática e o valor são imunes a questões sobre o seu nascimento ou proveniência causal. Mas os limites da física ainda fazem parte da física, de modo que o domínio físico não é isolado. A cosmologia deve produzir sua própria blindagem, de dentro de seu domínio, e para isso temos de voltar à física. A integridade forte é uma exigência comum entre os físicos; citei as formulações que Einstein, Weinberg e Musser fizeram dessa exigência. Caso se descobrisse uma teoria quântica da gravidade, e essa teoria fosse bem-sucedida, ela uniria as equações da gravidade às do modelo-padrão, fornecendo uma teoria mais abrangente, a partir da qual essas duas pudessem ser derivadas. Isso melhoraria drasticamente a integração da física: significaria que nenhuma dessas equações poderia ser alterada sem causar um dano fatal à teoria como um todo – sem, com efeito, tornar necessária uma teoria completamente nova. Quando, em época recente, cogitou-se por algum tempo que os neutrinos talvez se deslocassem a uma velocidade superior à da luz, as consequências previstas para a cosmologia e a física de partículas não eram insignificantes, mas imensas.

[15] Esta tese foi extensamente defendida em meu livro *Justice for Hedgehogs* (Cambridge, MA: selo Belknap Press da Harvard University Press, 2011 [*A raposa e o porco-espinho*]). Só incluí aqui estes comentários para evidenciar a relação entre o argumento deste capítulo e o daquele livro.

Algum tipo de simetria é essencial para a integridade forte. Não pode haver uma teoria de tudo, dotada de integridade forte, se não pudermos presumir que as leis que regem os fenômenos locais continuarão valendo, e que os pesos relativos de prótons e elétrons não mudarão em distâncias remotas no espaço e no tempo. Os físicos aperfeiçoaram significativamente a integridade de suas teorias quando substituíram seu zoológico de partículas pelos *quarks*. Uma longa lista de partículas e seus efeitos poderia ser alterada sob muitos aspectos sem que os aspectos restantes fossem afetados; os tipos e leis dos *quarks* criam uma integridade mais forte. A integridade se fortaleceu ainda mais pela descoberta de que, ao que parece, diferentes forças da natureza – o eletromagnetismo, que rege a interação entre elétrons e prótons dentro dos átomos, por exemplo, e a interação nuclear "forte", que mantêm unidos os próprios prótons – não são forças independentes, cuja competição tenha de ser explicada externamente, mas são regidas por leis mais fundamentais, que as unem.

A física ainda não alcançou a integridade plena. Aliás, nem sequer chegou perto disso: a ausência de uma teoria quântica da gravidade é, em si, uma subversão contínua. Mas agora temos de aceitar que nem a plena realização de uma teoria totalmente integrada de todas as coisas responderia ao antigo desafio filosófico. Suponhamos que, finalmente, se construa uma versão da teoria das cordas que se revele, nas palavras de Musser, "esplendorosamente óbvia": demonstra-

-se que ela é a única teoria coerente capaz de proporcionar a necessária unificação. Poderíamos ainda perguntar: será que as cordas que explicam a gravidade quântica existem apenas por acidente e, por mero acaso, começaram, em certo momento, a vibrar em dez dimensões? Ou será que há algo mais fundamental que explique as cordas vibratórias? Nesse caso, o que explica esse algo?

A ciência ainda precisa de uma blindagem e, como a teologia, busca essa blindagem no domínio dos conceitos. (A ciência secular tornou-se, sob esse aspecto, incrivelmente semelhante à ciência da teologia.) Pelo menos por algum tempo, foi comum entre os cosmólogos insistir em que o Big Bang é a origem do espaço e do tempo, de tal modo que não faz sentido perguntar por que, onde ou o que aconteceu logo antes de sua ocorrência. Aqueles que faziam essas perguntas ouviam como resposta que elas eram tão tolas quanto perguntar o que há ao norte do Polo Norte. Podemos determinar a idade do universo – ao que parece, 14 bilhões de anos – porque é essa mesma a idade do tempo, mas não podemos dizer, por exemplo, por quanto tempo o universo não existiu. Segundo essa tese, não faz sentido pedir uma explicação de por que o universo veio a existir. As explicações dos fenômenos físicos pressupõem a causalidade, e a causalidade pressupõe um espaço e um tempo em que ocorra; por isso, a explicação deve obrigatoriamente se deter numa descrição do Big Bang e no acompanhamento de suas inevitáveis consequências. Não há regressão infinita porque não há regressão de maneira nenhuma. Tampouco precisamos declarar que o universo é um acidente imperfeito. É verdade que não podemos oferecer uma razão pela qual ele abriga as leis que de fato abriga. Mas algo só é um acidente quando poderia ter sido diferente, e não podemos fazer essa afirmação nem sequer sobre o próprio Big Bang. Precisaríamos compreender a situação da qual ele surgiu para poder dizer que se trata de um acidente ou fazer qualquer outro juízo de probabilidade. Não podemos sequer dizer que ele surgiu, quanto mais tentar descobrir como.

Essa narrativa, que hoje talvez soe datada, ilustra o requisito de que, para ser eficaz, a blindagem deve ser retirada da própria teoria blindada por ela, e não acrescentada depois. O sentido básico dessa narrativa é que o tempo e as leis só têm início no Big Bang e, portanto, nada em absoluto se pode dizer sobre as circunstâncias desse evento. Porém, em anos mais recentes, uma cosmologia mais abrangente foi sugerida e, em certa medida, explorada. Ela sustenta que nosso universo não é único, mas, antes, parte de um "multiverso", composto de inúmeros ou, talvez, infinitos universos, uma "paisagem" fantasticamente gigantesca a partir da qual universos surgem constantemente, como bolhas num mingau de aveia fervente. Diferentes teorias foram lançadas, como balões de ensaio, para explicar o surgimento de universos isolados a partir do multiverso. Uma delas sustenta, por exemplo, que o multiverso encontra-se em perpétua expansão, numa velocidade tão exponencial que suas seções se isolam em horizontes causais individuais, impedindo o contato com tudo o mais e criando, assim, universos individuais. Outra diz que novos universos são criados em buracos negros de universos já existentes, numa reação em cadeia de criação cósmica. Outra, ainda, afirma que universos são gerados, em certo sentido, a partir do nada – a partir de flutuações quânticas em paisagens completamente desprovidas de matéria.

Considera-se que a hipótese do multiverso oferece uma resposta eficaz a um argumento popular em favor do teísmo. Nosso próprio universo tem um equilíbrio tal que a vida nele se torna possível. Se fosse diferente, mesmo que em detalhes mínimos – se, por exemplo, a força que se contrapõe à gravidade entre as galáxias e permite que o universo se expanda fosse minimamente diferente do que é –, nenhuma forma de vida poderia existir. Esse fato, muitas vezes chamado de princípio "antrópico", é frequentemente usado como base de um argumento em prol da existência de um deus. Não pode ser por mero acidente que o universo tem um equilíbrio tão delicado e propício à vida. Seria uma possibilidade extremamente improvável. Deve haver uma explicação, e a única explicação concebível é a criação divina. A hipótese do multiverso propõe-se a responder a esse argumento. Não é por acidente que nosso universo é cuidadosamente ajustado para possibilitar a vida, mas tampouco precisamos de um deus criador para explicar o princípio antrópico. Se existe um número fabuloso de universos, que constantemente nascem e morrem, é inevitável que pelo menos *um* desses universos seja governado precisamente pelas leis da natureza que regem o nosso. A probabilidade de *não* haver pelo menos um universo desse tipo é muito pequena.

Será, então, por acidente que a vida nasceu no único universo propício a ela, entre bilhões de outros? É claro que não – onde mais poderia ter nascido? Mas por qual motivo não podemos perguntar por que existe uma paisagem gigantesca a partir da qual borbulham os universos? Será ela apenas um acidente? Ou podemos encontrar uma razão pela qual ela exista? Também nesse caso, podemos afirmar que a hipótese dos universos distintos proporciona uma blindagem. Detemos a regressão observando novamente que, embora talvez tenhamos um argumento favorável à existência de outros universos, estamos conceitualmente impedidos de perguntar o que causa o fenômeno de seu nascimento e morte, pois, mesmo que haja um sem-número de outros universos, nosso conceito de causalidade é formado a partir das leis de nosso próprio universo e não pode ser exportado dessa maneira. Essas várias blindagens conceituais não esgotam as possibilidades, e, como disse, ainda não dispomos de uma teoria plenamente integrada que precise ser blindada. Mas todas elas ilustram, mesmo assim, a condição imposta por nossa teoria da inevitabilidade.

Cada blindagem nasce da teoria que deve blindar; não é imposta a essa teoria como um deus *ex machina*.

A beleza da inevitabilidade

Uma teoria "final" abrangente demonstraria do modo mais amplo e detalhado possível a inevitabilidade das leis da natureza – a inevitabilidade no único sentido que a lógica pertinente à explicação permite. Se essa compreensão da teoria final estiver suficientemente correta, ela proporciona uma solução à primeira de nossas duas equações simultâneas: alia a presunção reinante entre os físicos de que o universo é compreensível a uma possível candidata ao tipo de beleza que tantos deles afirmam existir no universo. Eles percebem beleza no fato – se é que se trata de um fato – de que as leis que governam tudo o que existe na vastidão do espaço e nas minúcias da existência estão tão delicadamente entrelaçadas que cada uma delas só é explicável pelas outras, de tal forma que, se uma única coisa fosse diferente, nada poderia existir.

Mas enfrentamos agora o segundo desafio. Será que isso realmente é beleza? Afinal de contas, talvez fosse possível contemplar essa inevitabilidade sem nenhum tipo de paixão, encarando-a simplesmente como uma propriedade axiologicamente neutra dos gases e da energia. Presume-se que seja essa a reação dos naturalistas céticos que descrevi no capítulo 1.

Eles talvez digam que a ideia de inevitabilidade lhes parece empolgante ou agradável, ou que têm uma reação emocional a essa ideia semelhante à reação que têm diante de uma obra simétrica de arquitetura ou de um pôr do sol bonito. Minha pergunta, entretanto, é sobre um assunto muito diferente: o maravilhamento dos cientistas que pensam que a beleza que percebem no cosmos é tão real quanto os elétrons, as galáxias e as dores de cabeça. Tal pensamento só pode ser sustentado caso a inevitabilidade seja entendida como um aspecto ou dimensão da beleza real de maneira mais geral, de um extremo a outro do espectro de beleza terrestre que descrevi.

Quando procuramos a inevitabilidade nesse espectro, contudo, rapidamente a encontramos. Um elemento – e um elemento somente, entre outros – daquilo que admiramos nas grandes obras criativas é que, dados os seus limites, cada uma de suas partes parece essencial para todas as outras. Seu princípio pode ser lido a partir de seu fim, sua parte de cima a partir de sua parte de baixo, seu centro a partir de sua periferia. Essas obras são, segundo o termo que propus para a física, plenamente integradas. Seus limites, além disso, não são arbitrários: como na física, são ditados por aquilo que está dentro da obra. O romance cria seu próprio início e seu próprio fim; podemos perguntar por que ele começa onde começa, mas tal pergunta deve ser respondida a partir dele. Devemos entender esse início como uma decisão literária, a ser interpretada de acordo com a teoria que esposamos

– qualquer que seja ela – acerca do que determina o valor dessa obra como obra de arte. Na arte como na cosmologia, precisamos de uma teoria – na arte, uma teoria do valor da arte – para estipular os limites da análise ou explicação pertinentes e blindar a integridade que buscamos. Preciso resgatar essas abstrações por meio de exemplos, mas devo em primeiro lugar explicitar as ressalvas necessárias. Obviamente, a integridade que estou tentando descrever não é suficiente para garantir que uma obra de arte seja grande ou mesmo decente; ela é apenas uma das dimensões que contribui para o valor da arte. Do mesmo modo, a integridade sequer é necessária para a arte. Certas obras de arte não buscam a integridade, mas pretendem derrotá-la: o *happening*, a música atonal, a pintura gestual e a ficção na forma de fluxo de consciência, por exemplo.

Tomemos nosso primeiro exemplo da comparação que o próprio Weinberg faz entre a física e a arte. "Na *Sagrada Família* de Rafael", escreve, "a posição de cada figura na tela é perfeita. Talvez não seja essa a sua pintura favorita, entre todas as pinturas do mundo, mas, quando olhamos para ela, não há nada que desejaríamos que Rafael tivesse feito de maneira diferente."[16] Talvez haja aí um leve exagero, mas ele é bem leve. Somos atraídos por essa ideia de inevitabilidade, pelo menos como primeira impressão, em muitas obras-primas. Sentimos que nada poderia ser mudado sem que

---

[16] Weinberg, *Dreams of a Final Theory*, p. 135.

ocorresse uma catástrofe: a derrocada da beleza e a queda no ordinário, a transformação do essencial em acidental. Quando o imperador José disse a Mozart que seu *Fígaro* tinha notas demais, Mozart respondeu, perplexo, que ele as tinha em número exatamente suficiente. Até os versos poéticos mais surpreendentes – sobre mares rasgados pelos golfinhos ou atormentados pelos gongos* – parecem de repente inevitáveis, mesmo em meio a seu mistério. Sentimos visceralmente as exigências da música tonal: ansiamos pela resolução e, quando ela chega, não conseguimos imaginar nenhum outro modo de arrematar o que viera antes. Percebemos, em nossa audição, que aquele acorde brilhante era inevitável.

Henry James fala sobre o assunto do ponto de vista do artista na prosa caracteristicamente difícil de seu prefácio a *Os embaixadores*:

> Pois o dramaturgo, pela própria lei do seu gênio, sempre acredita numa saída correta do lugar de aperto bem concebido, mas não só; faz muito mais que isso – acredita, irresistivelmente, no necessário e precioso "aperto" do lugar (seja qual for a questão) com base em qualquer indício respeitável. Sendo esse o indício respeitável que eu, com tanta avidez, apanhei, qual seria a história da qual ele, com a máxima inevitabilidade, formaria o centro? Parte

---

* Referência ao poema "Byzantium", de William Butler Yeats. [N. do T.]

do encanto que acompanha essas questões é que a "história", com os augúrios verdadeiros, como digo, assume, a partir dessa etapa*, a autenticidade da existência concreta. Ela já é, então, essencialmente – começa a ser, embora possa esconder-se de modo mais ou menos obscuro, de tal forma que a questão não é, de maneira nenhuma, como entendê-la, mas somente, de modo muito deleitoso e condenável, onde poremos as mãos nela.[17]

Todo o arsenal estrutural da arte – gênero, harmonia, rima, métrica e tudo o mais – contribui para essa sensação de inevitabilidade, e talvez deva sua história e sua força ao fato de por ela ansiarmos. Nosso conhecimento da forma do soneto contribui imensamente, em retrospectiva, para a nossa sensação da inevitabilidade do desfecho de qualquer soneto bom. Nosso gosto pelas rimas internas de Cole Porter, embora menos profundo, tem a mesma base. Devo tomar cuidado para não exagerar em minhas declarações. Não quero dizer que toda grande arte é fortemente integrada em todos os detalhes, mas que o nível de sua integração contribui para a sua grandeza. Não há dúvida de que alguns versos de *Macbeth* poderiam ser mudados – e com efeito o

---

* Ou "desse palco" (*from this stage*). [N. do T.]

[17] Henry James, *The Ambassadors*, prefácio à edição nova-iorquina (1909), em James, *Literary Criticism*, vol. 2 (Nova York: Library of America, 1984), p. 1.308.

foram, nas diversas edições – sem prejudicar a peça. Mas a grandeza da peça reside, em grande medida, na integridade das imagens que ela oferece, a maioria das quais contribui não somente para a força geral da peça como também para a força individual das outras imagens, e – principalmente – para a sensação cada vez mais forte de que a tragédia tem de terminar como efetivamente termina. Não é apenas na arte, no sentido convencional, que a integridade e a inevitabilidade desempenham seu papel: elas dão sua contribuição em quase todo o espectro que descrevi, desde o quase inteiramente sensorial até o puramente intelectual. Uma prova matemática e um argumento jurídico, da mesma forma que um poema e uma peça, tornam-se mais belos à medida que linhas ou pressupostos desnecessários vão sendo eliminados, pois assim se torna mais evidente que as coisas tinham de ser exatamente daquele jeito. Para aqueles que admitem a realidade da beleza, a presunção científica de que o universo é, em última análise, perfeitamente compreensível é também a convicção religiosa de que ele brilha com uma beleza real.

3

LIBERDADE RELIGIOSA

O desafio constitucional

A religião figura em constituições políticas e convenções de direitos humanos do mundo inteiro. O artigo 18 da Declaração Universal dos Direitos Humanos das Nações Unidas reza: "Todo ser humano tem direito à liberdade de pensamento, consciência e religião; esse direito inclui a liberdade de mudar de religião ou crença e a liberdade de manifestar essa religião ou crença, pelo ensino, pela prática, pelo culto e pela observância, em público ou em particular."[1] A Convenção Europeia dos Direitos Humanos oferece a mesma garantia e acrescenta: "A liberdade de manifestar a sua religião ou convicções, individual ou coletivamente, não pode ser objeto de outras restrições senão as que, previstas na lei, constituírem disposições necessárias, numa sociedade democrática, à segurança pública, à proteção da ordem, da saúde e moral públicas, ou à proteção dos direitos e

---

[1] Assembleia Geral da Organização das Nações Unidas, Resolução 217A (III), "Declaração Universal dos Direitos Humanos", 10 de dezembro de 1948.

liberdades de outrem."[2] A Primeira Emenda à Constituição dos Estados Unidos proíbe o governo de oficializar uma religião ou restringir seu livre exercício.

Entende-se que esses vários dispositivos têm consequências políticas importantes. Sem nenhuma ambiguidade, eles proíbem o governo de penalizar a participação em qualquer religião convencional ou a não participação em qualquer uma delas. Muitas vezes, mas nem sempre, entende-se também que proíbem o governo de declarar que qualquer religião seja a religião oficial do Estado, ou apoiar uma religião, ou todas elas, por meio de subsídios ou outros privilégios especiais, ou permitir a existência de constrangimentos legais de qualquer espécie, que tenham como efeito determinar que uma religião é preferível às outras ou que a religião é preferível à irreligião. No que se refere a tais dispositivos, a definição de religião tem, na prática, uma importância imensa. Será que, para esses documentos, "religião" significa apenas opiniões sobre a existência ou a natureza de um deus? Ou será que inclui todas as convicções religiosas, inclusive aquelas que, caso eu tenha razão, um ateu pode sustentar? Se o livre exercício da religião é limitado à prática ou à negação do teísmo, não protege, por exemplo, o direito ao aborto. É verdade que boa parcela da oposição ao aborto

---

[2] Conselho da Europa, "Convenção para a Proteção dos Direitos do Homem e das Liberdades Fundamentais", 4 de novembro de 1950, artigo 9 (2).

parte do princípio de que um deus proibiu esse ato. Mas nem toda oposição se baseia no teísmo, e umas poucas mulheres que querem fazer aborto creem que um deus lhes ordenou abortar. Se, por outro lado, a liberdade religiosa não for limitada às opiniões sobre um deus, mas, ao contrário, abraçar todas as convicções profundas sobre o objetivo e as responsabilidades da vida, ficará em aberto a questão de saber se o direito ao aborto é um assunto religioso.

Creio que as referências à "religião", nos documentos oficiais, são entendidas pela maioria das pessoas como referências a igrejas institucionalmente organizadas e a outros grupos que cultuam alguma forma de deus, ou algo, como um Buda, que se parece com um deus. É certo que as primeiras batalhas pela liberdade religiosa foram travadas para assegurar às pessoas a liberdade de escolher a qual grupo desses se filiar, no coração e na prática. John Locke, um dos primeiros defensores da liberdade religiosa, tomou o cuidado de excluir os ateus de sua proteção: os ateus, segundo ele, não deveriam ter direitos de cidadania[3]. Mais tarde, porém, entendeu-se que o direito à liberdade religiosa incluía não somente a liberdade de escolher entre as religiões teístas, mas também a de não escolher nenhuma religião desse tipo: a proteção estendeu-se também aos ateus. Mesmo assim, o direito ainda era entendido como a faculdade de cada qual fazer sua própria escolha acerca da existência e da natureza de um deus. Logo falarei de

---

[3] John Locke, *A Letter Concerning Toleration* (1685).

decisões da Suprema Corte e de outros tribunais que estenderam essa proteção a grupos que se viam como religiões sem deus – a Sociedade de Cultura Ética nos Estados Unidos, por exemplo. Todavia, tanto no passado quanto atualmente, para a maioria das pessoas, religião significa a crença em alguma forma de deus. Acaso esse entendimento comum deve ser decisivo para determinar quem tem direito à proteção estipulada pelos vários documentos?

Afirmo que não, pois a interpretação de conceitos constitucionais básicos não depende do entendimento comum nem das definições de dicionário. Trata-se de conceitos interpretativos, cujo uso exige um tipo de critério muito diferente. Trata-se de conceitos interpretativos – liberdade, igualdade, dignidade, religião e todos os outros – formam o núcleo dos ideais políticos. Usamo-los para decidir quais direitos humanos e constitucionais proteger, e devemos defini-los de modo que tenham sentido ao desempenhar essa função crucial. Como entender o conceito de religião de forma a justificar o pressuposto de que a liberdade religiosa é um importante direito fundamental? De que maneira a religião deve ser concebida para que as pessoas tenham, em suas escolhas e atividades religiosas, uma liberdade da qual não gozam em outros aspectos da vida? Temos de rejeitar qualquer teoria da natureza ou abrangência da religião que faça parecer arbitrária a existência de um direito específico à liberdade religiosa. Até aqui, defendi a ideia de que, para melhor explicar a variedade e a importância das convicções das pessoas, devemos adotar um conceito de religião que seja mais profundo que o teísmo. Examinaremos agora a questão sob outro ângulo, não só em sua profundidade filosófica, mas também como questão de moral política.

Será Deus o único tema da liberdade religiosa?

Podemos encontrar uma razão convincente pela qual a liberdade de religião deva estender-se apenas à escolha entre as religiões teístas ou à escolha em rejeitá-las todas, mas nada além disso? Eis aqui uma sugestão: a história das guerras e perseguições religiosas demonstra que a escolha de quais deuses adorar é questão de transcendente e especial importância para bilhões de pessoas. Essas pessoas mostraram-se dispostas a matar quem adore outros deuses ou adore os mesmos deuses de maneira diferente, e também a ser mortas em vez de ter de abandonar sua própria maneira de adorar seus deuses. Essa paixão foi a causa das terríveis guerras de religião na Europa, que tornaram absolutamente necessária, nesse continente, a tolerância religiosa. Em nossa época, a mesma paixão continua alimentando genocídios no Oriente Médio e em outras regiões. Nenhuma outra questão estimula emoção tão intensa, e o mundo teve e continua tendo essa razão para garantir a liberdade de religião em suas constituições políticas e convenções internacionais.

Esses fatos notáveis certamente ajudam a explicar o nascimento da ideia de liberdade religiosa e o rápido crescimento de sua popularidade: ajudam a explicar por que os europeus do século XVII, por exemplo, pressentiram o quanto ela era urgente e importante para assegurar a paz. Mas não explicam por que é preciso, hoje em dia, um direito especial para proteger somente as religiões teístas em muitas partes do mundo, entre as quais os Estados Unidos e a Europa, onde já não existe o perigo nem a possibilidade de ocorrerem violentas guerras de religião. Os grupos que se beneficiam da liberdade religiosa nesses países são minorias impopulares, cujos membros seriam incapazes de fomentar uma rebelião eficaz, caso sua liberdade religiosa fosse negada. Além disso, de qualquer modo, a liberdade religiosa é encarada pela imensa maioria das pessoas como um direito humano, não somente como um constructo jurídico útil, e os argumentos políticos acerca da necessidade da paz são insuficientes para justificar a liberdade religiosa como direito fundamental. Precisamos de outro tipo de argumento para defender uma concepção de liberdade religiosa. Precisamos identificar algum interesse importante que as pessoas tenham, um interesse tão importante que mereça proteção especial contra qualquer tipo de dano, oficial ou de outra natureza. Por isso, a questão de que devemos nos ocupar agora é a seguinte: acaso podemos identificar algum interesse que as pessoas tenham pelo fato de crerem num deus e que não teriam se, como Einstein e milhões de outros, aceitassem uma religião sem deus?

A ciência de muitas religiões teístas declara que um deus encolerizado pela desobediência dos seres humanos pode destruir, e efetivamente destrói, populações ou mandar pessoas para o inferno. Outrora, muitos pensavam que tal poder divino era razão suficiente para que as pessoas prestassem culto em determinado grupo religioso; certamente, não é argumento a favor de que as pessoas prestem culto de um modo que encolerize esse deus. Digamos, então, que as pessoas que temem a condenação ao inferno vivem numa espécie de terror que não acomete os ateus, e que, por isso, precisam de uma proteção especial. Explicado dessa maneira, o direito é inclusivo demais, pois muita gente filiada às religiões ortodoxas não acredita em recompensas ou castigos depois da morte. Também é inclusivo demais sob outro aspecto: protege os ateus contra processos legais, e a tolerância aos ateus pode provocar a cólera do deus. De qualquer maneira, as pessoas têm muitos medos. Algumas tremem diante da possibilidade de que um novo acelerador de partículas venha a destruir o planeta. Mas o Estado só tem a obrigação de proteger as pessoas contra medos que lhe pareçam realistas, e não pode declarar que o medo do inferno é realista, a menos que endosse um determinado conjunto de crenças religiosas, coisa que, segundo o entendimento geral, é proibida pelo direito à liberdade religiosa.

Para que a proteção das crenças religiosas seja limitada somente às religiões teístas, devemos encontrar uma justificativa não no departamento científico das religiões ortodoxas, mas, antes, em seu outro departamento: nos valores que elas patrocinam. As religiões teístas impõem deveres e responsabilidades graves – não somente deveres de culto e dieta alimentar, mas também responsabilidades sociais. Um Estado que proíbe seus cidadãos de respeitar esses deveres insulta profundamente a dignidade deles e o respeito que eles têm por si mesmos. É claro que talvez seja necessário que o Estado proíba algo que a religião manda: algumas religiões pretendem impor a seus fiéis o dever de matar os infiéis. Porém, quando a proibição não pode ser justificada pela proteção dos direitos de terceiros, mas somente reflete uma desaprovação da religião que impõe o dever em questão, o Estado viola o direito ao livre exercício religioso.

Essas considerações, contudo, não justificam uma liberdade que seja limitada unicamente ao exercício das religiões teístas e ortodoxas, pois muitos ateus têm convicções de dever que, para eles, são igualmente imperativas. O pacifismo é um exemplo bem conhecido: com toda razão, ao interpretar uma lei que facultava a objeção de consciência àqueles cujas crenças religiosas os proibissem de matar, a Suprema Corte dos Estados Unidos concluiu que a lei dava proteção a um ateu que tinha as mesmas convicções. No capítulo 1, descrevi uma convicção mais abstrata que considero questão de fé religiosa: a de que cada pessoa tem a responsabilidade ética intrínseca e inescapável de viver corretamente. Essa responsabilidade faz parte de uma atitude religiosa que pode ser partilhada tanto por crentes quanto por ateus. Inclui a responsabilidade de cada pessoa de decidir por si mesma questões éticas acerca de quais formas de viver são adequadas e do que seria, para ela, uma vida degradante. O Estado viola esse direito sempre que proíbe ou dificulta a prática homossexual, por exemplo. Assim, essa justificativa da liberdade religiosa – a de que o respeito por si mesmo pede uma proteção especial – não oferece nenhum fundamento para que tal liberdade seja limitada às religiões ortodoxas dos crentes.

Nos Estados Unidos, a chamada "cláusula de não oficialização" (*establishment clause*) da Primeira Emenda proíbe o Estado de designar uma religião ou grupo religioso como religião oficial do país, como a Igreja Anglicana é a religião oficial do Reino Unido. Entretanto, entendeu-se que essa cláusula, além disso, também proíbe muitas outras coisas: a oração em escolas públicas, presépios em praças públicas, listas dos Dez Mandamentos nas paredes de tribunais e o ensino, nas escolas públicas, de uma ciência supostamente baseada na fé. Todas essas manifestações e práticas proibidas são vistas como uma tomada de partido, por parte do Estado, entre as diversas religiões ou entre a religião e o ateísmo. No entanto, acaso há alguma razão pela qual se deva considerar errado que o Estado tome partido entre as religiões teístas ortodoxas, mas não entre visões contraditórias do que significa viver bem? Não seria errado que ele tomasse partido, por exemplo, entre visões contraditórias sobre o que é uma sexualidade saudável?

Às vezes se diz que, quando o Estado toma partido entre as religiões – declarando, por exemplo, que o calvinismo é a fé oficial do país –, ele declara que aqueles que adoram um deus de alguma outra forma, ou que não adoram deus nenhum, perdem a sua cidadania plena. Assim, reservar um período para as orações nas escolas públicas ou ensinar que a criação do universo foi obra de um *designer* inteligente são demonstrações de menor respeito para com aqueles que não têm nenhum deus a quem rezar ou a quem atribuir a criação. O dinheiro do país, arrecadado por meio de impostos, que essas pessoas também pagarão, é usado para afirmar uma identidade nacional que as exclui. Ora, consideremos a posição de um homossexual num Estado que exalta e protege de diversas maneiras a instituição do casamento e proporciona autoridades e esquemas para oficializar o matrimônio entre homens e mulheres, mas exclui os homossexuais do casamento; ou imaginemos – por que não? – um monarquista ferrenho, rodeado por declarações oficiais do compromisso da nação com a democracia. Não quero dar a entender – e logo vou negar – que a liberdade religiosa confira aos monarquistas uma imunidade contra a defesa pública da democracia; quero dizer apenas que não podemos negar-lhes essa imunidade pelo simples fato de eles não derivarem sua opinião de alguma concepção de um deus.

Liberdade sem controle?

Não descobrimos uma justificativa para oferecer à religião um direito à proteção especial que tenha como alvo exclusivamente as religiões teístas. Por isso, temos de ampliar a abrangência desse direito, a fim de refletir uma justificativa melhor. Como? A resposta talvez pareça óbvia: precisamos apenas declarar que as pessoas têm, em princípio, o direito ao livre exercício de suas convicções profundas sobre a vida e suas responsabilidades, quer tais convicções sejam derivadas da crença num deus, quer não; e que o Estado, em suas políticas e em seus gastos, deve ser neutro em relação a todas essas convicções. Com isso, os direitos e os privilégios especiais, ora restritos à religião convencional, seriam simplesmente extrapolados para todas as convicções sustentadas com paixão. Mas nenhuma comunidade poderia aceitar esse tipo de extensão do direito.

Consideremos o grande número de pessoas que, como reza o dito popular, "adoram" o dinheiro. Endossam, talvez apaixonadamente, a convicção de que a vida bem-sucedida é a vida de sucesso material. Atribuem a esse objetivo uma importância transcendente e roem-se de remorso quando fazem um investimento ruim ou perdem uma grande oportunidade financeira. Não podemos imaginar que a liberdade religiosa, para essas pessoas, implique a isenção de pagar imposto de renda. Consideremos os racistas, que pensam que a integração racial corrompe e destrói a pureza da vida deles e de seus filhos. Suas aversões, segundo eles próprios, não são mera questão de gosto, mas refletem uma visão acerca da responsabilidade que as pessoas têm de viver na companhia daquelas que são parecidas com elas. Não podemos admitir que as leis e as políticas públicas demonstrem neutralidade em relação a essa visão. Se decidíssemos que todas as atitudes religiosas têm direito a uma proteção especial, precisaríamos de uma definição de "atitude religiosa" mais restritiva do que a que apresentei até agora.

Podemos cogitar dois tipos mais restritos de definição: uma definição funcional, que se fixe no papel dessa suposta convicção na personalidade global da pessoa, ou uma definição substantiva, que reserve a proteção constitucional apenas a um pequeno número de convicções acerca de como viver. A Suprema Corte dos Estados Unidos apresentou uma definição funcional em resposta ao pedido de Daniel Andrew Seeger, de que pudesse enquadrar-se na isenção de objeção de consciência, quando da Guerra do Vietnã, embora fosse ateu. Ele invocou os seguintes dizeres da lei que autorizara o recrutamento militar:

> Nada contido sob este título será interpretado de forma a exigir que uma pessoa se sujeite ao treinamento e ao serviço de combate nas forças armadas dos Estados Unidos se essa pessoa, em razão de sua formação e de suas crenças religiosas, se opuser, em sua consciência, à participação na guerra, sob qualquer de suas formas. Neste contexto, a formação e a crença religiosas significam a crença de um indivíduo numa relação com um Ser Supremo, que envol-

va deveres superiores aos que decorrem de qualquer relação humana, mas não incluem pontos de vista essencialmente políticos, sociológicos ou filosóficos, nem um mero código moral pessoal.[4]

Apesar de a lei fazer referência a um "Ser Supremo", a Suprema Corte aceitou o pedido de Seeger. Partiu do princípio de que o Congresso não poderia ter tido a intenção de fazer discriminação entre as convicções religiosas, e ofereceu a seguinte definição do que seriam tais convicções:

> O critério pode ser declarado nas seguintes palavras: corresponde à definição da lei uma crença sincera e significativa que ocupe, na vida de quem a tem, um lugar paralelo ao preenchido pelo Deus daqueles que reconhecidamente fazem jus à isenção legal.[5]

É difícil, entretanto, analisar essa exigência. De que maneira uma crença de que a guerra é errada pode ser "paralela" a uma crença em Deus? Qualquer que seja a resposta a essa pergunta, poderíamos temer que um adorador devoto do dinheiro correspondesse ao critério.

Uma definição substantiva, que restrinja a gama admissível de convicções apaixonadas a serem protegidas pelo direito à liberdade religiosa, parece mais apropriada. Assim, as

---

[4] Lei do Treinamento e do Serviço Militar Universal (Universal Military Training and Service Act) de 1948, 50 U.S.C. Appx. § 456(j) (1948).

[5] *United States vs. Seeger*, 380 U.S. 163 (1965).

convicções religiosas que têm direito à proteção são definidas pela sua temática, não pelo fervor com que são sustentadas. Em 1992, tentei oferecer uma definição substantiva como parte da defesa da ideia de que a questão do aborto deve ser abordada pelo prisma da Primeira Emenda. Disse: "Para tentar responder àquela questão existencial mais profunda, as religiões estabelecem uma relação entre a vida humana individual e um valor objetivo transcendente."[6] Citei uma afirmação de um Concílio Ecumênico: "Nas várias religiões, os homens esperam encontrar respostas para os enigmas da condição humana: que é o homem? Qual o sentido e o objetivo da nossa vida?"[7] Afirmei, ainda, que a questão de saber se a Constituição dos Estados Unidos protege o direito da mulher a fazer um aborto no início da gestação é, portanto, uma questão acerca do alcance das cláusulas de religião da Primeira Emenda. E disse: "nenhuma definição plausível do conteúdo de uma crença religiosa poderia excluir as convicções sobre como e por que a vida humana é dotada de uma importância intrínseca e objetiva."[8]

---

[6] Ver Ronald Dworkin, *Freedom's Law: The Moral Reading of the American Constitution* (Cambridge, MA: Harvard University Press, 1996), p. 101 [*O direito da liberdade*. São Paulo: WMF Martins Fontes, 2006, p. 164].

[7] "Draft Declaration on the Church's Relations with Non-Christians", em *Council Daybook* (Vatican II, 3ª sessão, 1965), p. 282, citado em *Seeger*, 380 U.S., fls. 181-2 e nota 4.

[8] Ronald Dworkin, *Freedom's Law*, p. 108. [*O direito da liberdade*, p. 175].

Em seu voto, numa decisão da Suprema Corte que confirmou que as mulheres têm o direito constitucional de abortar no começo da gestação, três juízes apresentaram uma teoria igualmente substantiva das escolhas que, a seu ver, são protegidas pela Constituição:

> As questões que envolvam as escolhas mais íntimas e pessoais que uma pessoa possa fazer durante o tempo de sua vida, escolhas que ocupem lugar central na dignidade e na autonomia da pessoa, são essenciais no contexto das liberdades protegidas pela Décima Quarta Emenda. No âmago da liberdade está o direito de cada um a definir sua própria concepção da existência, do sentido da vida, do universo e do mistério da vida humana.[9]

Outros juízes e outros tribunais sublinharam outra limitação: a convicção religiosa deve ser parte integrante de uma teoria geral, sincera, coerente, integrada e abrangente de por que é importante que as pessoas vivam bem e o que significa

---

[9] *Planned Parenthood of Southeastern Pennsylvania vs. Casey*, 505 U.S. 833 (1992). Os três juízes (O'Connor, Kennedy e Souter) disseram que as ideias de cada mulher sobre a permissibilidade do aborto no começo da gestação são convicções dessa espécie. Não afirmaram que a liberdade de escolha a respeito do aborto é protegida pela cláusula de livre exercício da Primeira Emenda – dados os precedentes que limitam a aplicabilidade da cláusula, isso seria impossível –, mas seu voto sugere a possibilidade de que, se não fosse por esses precedentes, poder-se-ia entender que a liberdade religiosa protege os tipos de convicções aí descritos.

viver bem[10]. Segundo esse critério mais rígido, as pessoas que sustentam uma convicção religiosa não precisam ser capazes de identificar essa visão maior e mais abrangente de modo claro e consciente. Trata-se antes de uma questão de interpretação: de saber se as convicções explícitas para as quais alguém busca proteção se encaixam de forma suficientemente confortável em alguma visão abrangente reconhecível, e se a vida da pessoa e suas outras opiniões são razoavelmente coerentes com essa visão mais abrangente. Os membros de uma igreja estabelecida se encaixam na descrição, a menos que seu comportamento mostre que seu compromisso com os princípios ali esposados é insincero. Mas a descrição também abarca confortavelmente as convicções não teístas – acerca do pacifismo ou da permissibilidade do aborto, por exemplo. Na decisão *Torcaso*, a Suprema Corte listou, entre as religiões que atendem ao critério por ela estipulado, sociedades humanistas explicitamente ateístas[11].

Essas restrições substantivas às convicções que devem ser protegidas pelo direito à liberdade religiosa são todas muito atraentes. Mas sua plausibilidade depende do pressuposto de que cabe ao Estado escolher entre as convicções sinceras para decidir quais delas são dignas de proteção especial e

---

[10] Para uma discussão das decisões da Corte Europeia de Direitos Humanos, ver George Letsas, "Is There a Right Not to Be Offended in One's Religious Beliefs?", em *Law, State and Religion in the New Europe: Debates and Dilemmas*, org. Lorenzo Zucca e Camil Ungureanu (Cambridge: Cambridge University Press, 2012), pp. 239-60.

[11] *Torcaso vs. Watkins*, 367 U.S. 488 (1961).

quais não. Esse pressuposto parece, ele próprio, contradizer o princípio básico de que as questões fundamentais de valor estão sob a tutela de decisões individuais e não coletivas. Não podemos partir do princípio de que as convicções que o Estado decide não proteger são insinceras ou que, de alguma outra forma, não são genuínas. O materialismo ou o racismo bem podem refletir uma convicção genuína e veemente acerca de quais vidas são intrinsecamente bem-sucedidas e quais são desperdiçadas. Os estudiosos de Nietzsche talvez um dia descubram uma defesa filosófica sofisticada de seu instinto de que o poder é o único bem. Uma vez rompido o vínculo entre a ideia de convicção religiosa e o teísmo ortodoxo, parece que já não temos um jeito seguro de excluir da categoria da fé protegida nem mesmo as mais extravagantes excentricidades éticas.

Conflito dentro da liberdade

Temos, além disso, uma segunda razão para temer que a simples desconexão entre a ideia de religião e a ideia de deus não venha a produzir uma teoria nova e satisfatória da liberdade religiosa. Mesmo quando restringimos a religião ao teísmo – mas sobretudo quando não o fazemos –, o direito à liberdade religiosa, tal como tradicionalmente é concebido, muitas vezes parece contraditório consigo mesmo. Esse direito exige que o Estado, em princípio, exima as pessoas de normas gerais que impeçam que elas exerçam sua fé. Ele também encarrega o Estado de não fazer nenhuma discriminação em favor de uma religião e contra as outras. Porém, quando uma religião é isenta de uma coerção imposta às pessoas que têm outras formas de fé, isso é uma discriminação, por motivo religioso, contra essas outras formas de fé. Os constitucionalistas americanos conhecem bem esse conflito. Na Primeira Emenda, há dois dispositivos que tratam de religião: um proíbe o governo de infrigir o "livre exercício" da religião; o outro o proíbe de "oficializar" uma religião – ou seja, de dar a uma religião um reconhecimento ou proteção oficiais. Os juristas dizem que o primeiro dispositivo muitas vezes entra em conflito com o segundo.

A Igreja Nativa Americana usa peiote, uma droga alucinógena, em seus rituais religiosos. Essa droga é, em geral, proibida, pois causa perigosa dependência. Caso se abra uma exceção para uma tribo, porque a droga desempenha um papel em seus rituais, a lei estará fazendo, por motivo religioso, uma discriminação contra, por exemplo, os seguidores de Aldous Huxley, que creem que a melhor vida é aquela vivida em transe. Se, por causa disso, a lei vier a reconhecer a religião ateísta e isentar todas as pessoas que pensam que as drogas alucinógenas facultam uma percepção especial do sentido da vida, ela também estará discriminando, por motivo religioso, aqueles que simplesmente querem ficar chapados[12].

---

[12] A Suprema Corte decidiu que a Primeira Emenda não impõe uma isenção à proibição do uso de drogas alucinógenas. *Employment Division, Department of Human Resources of Oregon vs. Smith*, 494 U.S. 872 (1990).

Outro exemplo: a Igreja Católica não permite que as muitas agências de adoção controladas por ela entreguem crianças a casais homossexuais. O governo se recusa a subsidiar agências que adotem essa política. A Igreja insiste em que, uma vez que seus princípios proíbem a união de pessoas do mesmo sexo, a política do governo a discrimina por motivo religioso[13]. O governo responde que, se isentasse a Igreja de suas regras, estaria discriminando a favor da Igreja e contra outras agências que talvez tenham suas próprias razões, desvinculadas da religião teísta, para recusar a adoção a casais homossexuais.

Vamos considerar agora um exemplo mais complexo e revelador. O princípio de que o governo não pode "oficializar" uma religião significa que a doutrina religiosa de uma religião em particular não pode ser ensinada nas escolas públicas como verdade. Mas, como disse no capítulo 1, cada religião tem um departamento de ciências. Por isso, levanta-se a questão de saber se, e até que ponto, essas ciências podem ser ensinadas, somente na qualidade de ciências, nas escolas públicas. Essa questão se tornou particularmente problemática nas aulas de biologia nos Estados Unidos. O conselho de um distrito escolar da Pensilvânia ordenou que os professores fizessem menção a teorias sobre a origem da vida que rejeitam a teoria darwiniana da evolução por mutações aleatórias e pretendem provar que os seres humanos foram

---

[13] Ver Laurie Goodstein, "Bishops Say Rules on Gay Parents Limit Freedom of Religion", *The New York Times*, 28 de dezembro de 2011.

criados por uma inteligência sobrenatural. Um juiz federal declarou que a ordem era inconstitucional em razão da cláusula da "não oficialização". Disse que a decisão do conselho escolar se baseava numa convicção religiosa, não num juízo científico.

Thomas Nagel analisou esse assunto de maneira extremamente esclarecedora[14]. Ele assinala que o juízo de qualquer pessoa sobre a questão de saber o que proporciona a melhor explicação da vida humana – se a autoria divina, se as mutações aleatórias – é influenciado de maneira crucial por suas crenças anteriores acerca de existência ou não de um deus. O ateu excluirá desde o começo a criação divina: mesmo que a probabilidade de as mutações aleatórias e a seleção natural produzirem a vida humana seja sabidamente muito pequena, o *design* inteligente não será, para ele, uma alternativa. O teísta, por outro lado, pode muito bem concluir, dada sua crença anterior na existência de um deus, ser muito mais provável que esse deus, e não o acaso, seja responsável pelos vegetais e animais maravilhosamente complexos que povoam nosso planeta. Os dois pressupostos – o de que existe um deus e o de que não existe – parecem equivalentes do ponto de vista científico. Ou ambos devem ser entendidos como juízos científicos ou nenhum dos dois o deve. Se basear-se num dos dois juízos para determinar um currículo escolar

---

[14] Thomas Nagel, "Public Education and Intelligent Design", *Philosophy & Public Affairs* 36, n. 2 (2008), pp. 187-205.

configura oficialização inconstitucional de uma crença religiosa, basear-se no outro configura a mesma coisa. Nessa situação, portanto, parece inútil apelar ao direito especial dos alunos ou dos pais de exigir que o governo não escolha entre as religiões. Parece que o conselho escolar – seja qual for, no fim, a sua decisão – terá obrigatoriamente de escolher uma opinião religiosa e rejeitar a outra. Em casos como esse, a exigência constitucional de que o governo não escolha é contraditória consigo mesma.

Haverá mesmo um direito à liberdade religiosa?

Isso significa que ainda não temos uma resposta à pergunta com que iniciamos este capítulo. Como devemos interpretar o direito à liberdade religiosa proclamado nas constituições, documentos e convenções? As interpretações convencionais pressupõem uma teoria moral: partem do princípio de que as pessoas têm um direito moral específico à liberdade de escolha no que se refere à sua prática religiosa e que a interpretação das normas jurídicas deve zelar por esse direito moral específico. Deparamos, no entanto, com uma grande dificuldade para definir o âmbito desse suposto direito moral. Não é sensato que a proteção por ele oferecida seja limitada às religiões teístas. Por outro lado, também não é sensato defini-lo de forma a abarcar todas as convicções que poderiam ser incluídas dentro de um conceito mais amplo de religião. Além disso, constatamos a existência de um conflito entre duas ideias, ambas as quais parecem decorrer desse suposto direito moral específico: que o governo não dificulte o exercício da religião e que não faça discriminação a favor de nenhuma religião. Já é hora de considerarmos uma abordagem mais radical. Antes de descrever o que tenho em mente, contudo, preciso fornecer algumas informações preliminares.

A liberdade política tem dois componentes distintos. O Estado justo deve reconhecer tanto um direito muito geral, que podemos chamar de "independência ética", quanto direitos especiais a determinadas liberdades[15]. O primeiro desses componentes, a independência ética, significa que o Estado não pode jamais restringir as liberdades por supor que determinado jeito de viver a vida (determinada ideia acerca de quais modos de vida são mais valiosos em si mesmos) é intrinsecamente melhor que os outros – não pelo fato de as consequências desse modo de vida serem melhores, mas pelo fato de essas pessoas, que vivem desse jeito, serem pessoas melhores. Num Estado que preza a liberdade, cabe a cada cidadão decidir por si mesmo essas questões; o Estado não deve impor a todos uma única visão. Ou seja, o Estado não pode proibir o uso de drogas por considerá-lo vergonhoso, por exemplo; não pode proibir a extração de madeira

---

[15] Ver Ronald Dworkin, *Justice for Hedgehogs* (Cambridge, MA: selo Belknap Press da Harvard University Press, 2011), capítulo 17, "Liberty" [*A raposa e o porco-espinho*, capítulo 17, "Liberdade"].

por pensar que as pessoas que não dão valor a grandes florestas são desprezíveis; não pode cobrar impostos pesados com alíquotas progressivas por pensar que o materialismo é mau. Mas é claro que a independência ética não proíbe o Estado de intervir por outros motivos nos modos de vida escolhidos pelas pessoas: para proteger terceiros, por exemplo, ou proteger as maravilhas naturais, ou, ainda, promover o bem-estar geral. Assim, pode proibir as drogas para proteger a comunidade dos custos sociais da dependência; pode cobrar impostos para construir estradas e ajudar os pobres; e pode proteger as florestas porque elas são, de fato, maravilhosas. Pode proteger as florestas por esse motivo, mesmo que nenhum dos cidadãos considere que uma vida vivida em meio às árvores tenha algum valor.

Ou seja, a independência ética proíbe o governo de restringir as liberdades por algumas razões, mas não por outras. Os direitos especiais, por outro lado, impõem ao Estado certas restrições muito mais poderosas e gerais. A liberdade de expressão é um direito especial: o Estado não pode infringir essa liberdade especial, a menos que tenha aquilo que os juristas norte-americanos chamam de uma justificativa "cogente" (*compelling*). As expressões de ideias não podem ser censuradas, mesmo que possam ter consequências nocivas para outras pessoas: não se pode censurar nem mesmo a expressão de quem faz campanha pela derrubada das florestas ou de alguém a quem custaria caro proteger de uma multidão escandalizada. O direito à liberdade de expressão só pode ser coibido numa emergência: somente para prevenir, em mais uma expressão muito apreciada pelos juristas norte-americanos, um perigo claro e iminente – e, podemos acrescentar, grave. O direito ao devido processo legal e a um julgamento justo para quem for acusado de um crime é outro direito especial, e levanta obstáculos ainda maiores à ação do Estado. O Estado não tem o direito de acusar uma pessoa a quem considera inocente, nem de julgar ninguém sem as proteções tradicionais do julgamento justo, mesmo que acredite que a segurança pública melhoraria muito se tais coisas fossem feitas.

Posso agora propor uma hipótese. Os problemas que encontramos para definir a liberdade religiosa decorrem da tentativa de conservar esse direito como direito especial e, ao mesmo tempo, fazer uma separação entre a religião e a ideia de deus. Talvez devamos considerar a possibilidade de abandonar a ideia de um direito especial à liberdade religiosa, com o alto grau de proteção oferecido por ele e a consequente necessidade cogente de que tenha limites rigorosos e cuidadosamente definidos. Devemos, em vez disso, tentar aplicar à matéria tradicional desse suposto direito somente o direito mais geral à independência ética. A diferença entre as duas abordagens é importante. O direito especial fixa a nossa atenção no tema em questão, ou seja, o direito especial à liberdade religiosa declara que o Estado não deve coibir de maneira nenhuma o exercício da religião, exceto num caso extraordinário, de emergência. O direito geral à independência ética, pelo contrário, chama a nossa atenção para a relação entre o Estado e os cidadãos: limita as razões que o governo pode oferecer para coibir, de qualquer forma que seja, a liberdade do cidadão num sentido geral.

Devemos perguntar: acaso as convicções que queremos proteger são suficientemente protegidas pelo direito geral à independência ética, de tal modo que o problemático direito especial não seja mais necessário? Se concluirmos que sim, teremos motivos fortes para reinterpretar radicalmente todas as constituições, convenções e pactos de direitos humanos. Teremos de compreender o direito moral à liberdade religiosa, por eles declarado, como um direito à independência ética. Sabemos por que motivo, em determinado momento histórico, esse direito foi expresso de modo a limitar-se à religião, mas insistimos em que, para entendê-lo da melhor forma possível na época contemporânea e fornecer-lhe a melhor justificativa disponível, devemos entender a tolerância religiosa como um caso particular do direito mais geral.

Repito, assim, nossa pergunta: acaso o direito geral à independência ética nos dá a proteção que, mediante reflexão, parece-nos necessária? Esse direito geral protege o núcleo histórico da liberdade religiosa. Condena qualquer discriminação ou oficialização explícita que pressuponha – como inevitavelmente pressupõe qualquer discriminação desse tipo – que uma variedade de fé religiosa é superior às outras quanto à sua veracidade ou à sua virtude, ou que uma maioria política tem o direito de favorecer determinada religião, ou, ainda, que o ateísmo é o pai da imoralidade[16]. A independência ética também protege as convicções religiosas de maneira mais sutil: ao pôr na ilegalidade qualquer restrição que, conquanto aparentemente neutra, pressuponha em sua estrutura uma subordinação direta ou indireta. Será que isso é proteção suficiente? Acaso precisamos de um direito especial que não apenas exija uma justificativa neutra, mas obrigatória, para qualquer restrição da liberdade?

Voltemos à questão do peiote e dos rituais. Quando a Suprema Corte decidiu que a Primeira Emenda não exige que se abra uma exceção para a Igreja Nativa Americana, o Congresso, escandalizado, aprovou a Lei de Restauração da Liberdade Religiosa[17], que partia do princípio de que a decisão da Corte estava errada. Será que o Congresso tinha razão? Se avaliarmos a decisão da Corte segundo o direito mais geral à independência ética, não. O direito geral não protege o uso de uma droga alucinógena proibida quando esse uso ameaça o bem-estar geral da comunidade. Assim, a lei federal que reverteu a decisão da Corte foi, na prática, uma declaração de que a religião precisa de mais proteção do que a que lhe é oferecida pelo conceito geral de independência ética. O Congresso declarou

---

[16] Por esse critério, o fato de o anglicanismo ser a religião oficial do Reino Unido não ofende a independência ética — caso seja somente uma relíquia histórica, sem efeitos reais. Considere-se, por exemplo, a facilidade com que a antiga norma que estabelece os direitos de primogenitura no direito constitucional de sucessões está sendo abandonada. Essa antiga norma não tem mais força discriminatória.

[17] Religious Freedom Restoration Act, de 1993, 107 Stat. 1488 (1993).

que não é permitida nenhuma regulação que prejudique uma prática religiosa, por mais que o objetivo da regulação seja inocente e não tenha viés discriminatório – a menos que a necessidade de tal regulação seja "obrigatória" e não ordinária, ou seja, a menos que a regulação seja necessária para prevenir uma emergência ou um perigo grave. A Lei de Restauração da Liberdade Religiosa teve imenso apoio popular[18]. Porém, em termos de moral política, a Corte estava certa, e o Congresso, errado. Se a Igreja Nativa Americana tem direito a uma isenção em relação às leis de controle das drogas, os seguidores de Huxley também têm o mesmo direito, e os *hippies* céticos têm o direito de denunciar todo o regime legal de controle de drogas como um caso de oficialização de religião.

Se negarmos a existência de um direito especial ao livre exercício da religião e nos apoiarmos somente no direito geral à independência ética, as religiões poderão ser obrigadas a restringir suas práticas a fim de obedecer a leis racionais e não discriminatórias que não se caracterizem por negar a tais religiões a igual consideração. Isso lhe parece chocan-

---

[18] A decisão do caso *Smith* chocou o público. Muitos grupos – tanto grupos liberais (como a American Civil Liberties Union) quanto conservadores (como a Traditional Values Coalition) e outros (como a Christian Legal Society, o American Jewish Congress e a National Association of Evangelicals) – uniram forças para apoiar a Lei de Restauração da Liberdade Religiosa, que pretendia tornar a fazer valer o critério Sherbert para declarar a nulidade de quaisquer atos oficiais que onerem a religião. A lei, que foi a reação do Congresso ao caso *Smith*, foi aprovada na Câmara dos Deputados por unanimidade e, no Senado, por 97 votos a 3, após o que foi assinada pelo presidente Bill Clinton. Mais tarde, sua aplicação aos estados foi considerada inconstitucional. Ver *City of Boerne vs. Flores*, 521 U.S. 507 (1997).

te? Esta última exigência – a igual consideração – manda que o poder legislativo verifique se qualquer grupo encara como um dever sagrado a atividade que ele visa proibir ou dificultar. Caso um grupo a encare dessa maneira, o poder legislativo deve considerar se a igual consideração por esse grupo exige uma isenção ou algum outro tipo de alívio em relação ao rigor da lei. Caso essa exceção possa ser instituída sem que a política pública em questão sofra um dano significativo, não será razoável deixar de abrir uma exceção. A alocação de verbas públicas a agências de adoção católicas que não aceitam casais do mesmo sexo como candidatos a pais adotivos, em igualdade de condições com uma alocação de verbas a agências que os aceitem, poderia ser justificada dessa maneira, desde que houvesse um número suficiente de agências do segundo tipo, de tal modo que nem as crianças nem os casais homossexuais saíssem prejudicados. Por outro lado, se, como no caso do peiote, a isenção impusesse às pessoas um risco grave que a lei visa prevenir, a recusa da isenção não negaria a igual consideração. A prioridade do governo coletivo não discriminatório sobre o exercício religioso privado parece inevitável e correta.

As novas guerras de religião

No começo deste livro, mencionei um dos novos campos de batalha das antigas guerras de religião: a política. Para submeter nossa nova hipótese – a de que o direito geral à independência ética dá à religião toda a proteção de que ela precisa – a um teste mais concreto, podemos examinar à sua luz as inflamadas controvérsias dessas novas guerras, que não são travadas entre diferentes religiões organizadas, mas entre os crentes e os descrentes. Em muitos países, uma das questões mais polêmicas da atualidade é a de saber se determinados emblemas de pertença a um grupo religioso podem ser usados em escolas, instituições, edifícios e espaços públicos. Já houve conflitos intensos, e às vezes violentos, em torno das questões de saber se as escolas públicas podem reservar um tempo para a oração privada e silenciosa durante o período de aulas; se os Dez Mandamentos podem ser afixados na parede de um tribunal; se uma cidade pode montar um presépio em praça pública no Natal; se o uso do véu ou da burca pode ser proibido nas escolas ou nas ruas; e se os cantões suíços podem proibir a construção de minaretes. Algumas das práticas aí listadas parecem classificar-se sob a rubrica do que os juristas norte-americanos chamam de livre exercício, e outras, sob a rubrica de oficialização da religião. Mas, a respeito de todas elas, podemos perguntar: como seriam resolvidas se o único direito político pertinente fosse o direito à independência ética?

A independência ética efetivamente condena a ostentação oficial das insígnias de religiões organizadas nas paredes dos tribunais ou nas praças públicas, a menos que tais insígnias tenham sido esvaziadas de todo significado religioso, conservando apenas seu sentido cultural ecumênico – é o caso do Papai Noel da prefeitura que visita orfanatos, por exemplo. Caso contrário, o dinheiro ou os bens públicos estariam sendo usados para promover uma única religião teísta de preferência às demais, ou a religião teísta em geral de preferência à religião ateísta ou à irreligião. O caso do véu e da burca, porém, é muito diferente: são peças de roupa que as pessoas usam na qualidade de cidadãs particulares. Que justificativa teria o Estado para proibir qualquer pessoa de usá-las em algum lugar?

Às vezes se diz que as leis de um país podem ter o objetivo de instilar nos cidadãos uma consciência da identidade secular comum a todos, identidade essa que seria minada pela divisiva ostentação de sinais de identificação religiosa. Essa tese, porém, tem um pressuposto que viola o direito à independência ética: pressupõe que um tipo de identificação é mais admirável que o outro, ou que, ao contrário do que muitos cidadãos pensam, a identificação religiosa não é importante o suficiente para se sobrepor a quaisquer sinais de identificação patriótica. O Estado pode inventar, para proibições desse tipo, outras justificativas que aparentemente não violem a independência ética. Pode alegar, por exemplo, que quando alguns estudantes usam as insígnias de uma religião, outros estudantes, por fidelidade à sua própria religião, podem sentir-se obrigados a protestar, e que tudo isso prejudica a qualidade do ensino e a disciplina acadêmica. A proibição do véu é, desde há muito, uma questão altamente divisiva na Turquia; essa antiga proibição tem estimulado a violência em vez de evitá-la. A Turquia também é o exemplo mais claro de por que a proibição do uso do véu fere a independência ética: ela foi um elemento central da campanha de Kemal Ataturk para mudar uma forma de viver que os turcos consideravam responsável e trocar a cultura da observância devota do islamismo pelo secularismo pleno.

A oração em escolas públicas é um assunto mais complexo. Num extremo está a prática britânica de exigir uma oração cristã diária em quase todas as escolas; no outro, a proibição total de qualquer momento religioso nas escolas públicas, que vigora na França. Nos Estados Unidos, após um longo debate marcado por diversas decisões da Suprema Corte, a prática parece estar se movendo no sentido de permitir que as escolas adotem um "momento de silêncio", em que os alunos podem rezar ou, como muitas vezes se diz, "meditar" como quiserem – ou simplesmente descansar os olhos. Penso que a independência ética é satisfeita por essa prática, a menos que os registros legislativos evidenciem uma intenção específica de beneficiar as religiões teístas. Aparentemente, a solução do momento de silêncio não toma partido entre os estudantes que acreditam em Deus, os que não acreditam e os que acreditam que não têm absolutamente nada em que meditar.

Consideremos agora a religião na educação pública do ponto de vista do direito geral à independência ética, não do direito especial à liberdade religiosa. Mencionei há pouco uma questão: um conselho escolar distrital público viola a liberdade religiosa quando ordena que o *design* inteligente seja ensinado nas aulas de biologia como uma alternativa à evolução darwiniana? Lembre-se de que, segundo Nagel, a tese de que o *design* inteligente não tem rigor científico pressupõe o ateísmo, o qual é uma posição religiosa; desse modo, ao proibir que se ensine o *design* inteligente, o Estado toma partido numa questão de religião. A afirmação dele é pertinente quando entendemos a liberdade religiosa à luz de sua temática, como devemos fazer quando ela mesma é considerada um direito especial. Se, no entanto, descartarmos o direito especial e levarmos em conta somente o direito mais geral à independência ética, veremos a questão de maneira diferente.

A independência ética exige que o Estado não restrinja a liberdade dos cidadãos quando a justificativa de tal restrição partir do pressuposto de que determinada concepção de como viver, do que faz com que uma vida seja bem-sucedida, é superior às outras. Muitas vezes, a questão de saber se determinada política reflete ou não esse pressuposto é uma questão interpretativa e, não raro, difícil. Nas circunstâncias concretas da cultura norte-americana, a decisão de um conselho escolar distrital de ordenar que o *design* inteligente seja ensinado como uma alternativa ao darwinismo reflete não somente o pressuposto (como simples questão de história do cosmos) de que existe um deus capaz de criar, mas também todo um conjunto de atitudes éticas acerca do papel da religião numa vida bem vivida, assim como uma ambição de inculcar essas atitudes éticas nas novas gerações. Não se trata do simples desejo de devolver o equilíbrio a uma disciplina acadêmica, como seria se o conselho insistisse em que as aulas de história dos Estados Unidos incluíssem materiais que documentassem os abusos da escravidão. As campanhas políticas que primeiro tentaram impor às escolas o ensino do criacionismo – a ideia de que a Terra só tem sete mil anos de idade – e, depois, quando os tribunais excluíram essa possibilidade, passaram a insistir na hipótese do *design* inteligente, aparentemente mais sofisticada, são diferentes: fazem parte de uma campanha nacional da chamada "direita religiosa" para intensificar o papel da religião teísta na vida pública. Este é um juízo interpretativo, mas não creio que seja muito difícil. O juiz norte-americano que declarou inconstitucional a exigência de ensinar o *design* inteligente nas escolas públicas baseou-se nessa conclusão interpretativa. Sustentou que as histórias, práticas e declarações da maioria dos membros do conselho escolar davam a entender que não estavam agindo por motivos puramente acadêmicos, mas dentro do espírito daquela campanha nacional.

É claro que se pode fazer a mesma pergunta interpretativa a respeito da decisão de um conselho escolar de ensinar os indícios favoráveis e contrários à teoria de Darwin sem mencionar a alternativa do *design* inteligente. Podemos perguntar se essa decisão não reflete a ambição de afastar os alunos da religião teísta. Porém, na cultura norte-americana moderna, essa hipótese é implausível. As comunidades científicas e leigas que aceitaram o tema geral da teoria evolutiva darwiniana compreendem um grande número de adeptos de alguma religião teísta; estes acreditam que sua crença na evolução é perfeitamente compatível com a crença num deus. Além disso, não se pode defender sensatamente a tese de que os professores de ciências estão engajados numa campanha de promoção do ateísmo. Quando julgamos a questão do ponto de vista da independência ética, não encontramos nela a simetria de Nagel, mas uma importante assimetria.

Voltamos, por fim, à questão que, sem dúvida, é a que mais provoca divisões: a da moralidade sexual e reprodutiva. Quando a Suprema Corte decidiu que os estados não têm poder para criminalizar os atos homossexuais ou os abortos realizados no começo da gestação, baseou doutrinariamente a sua decisão nas cláusulas da igual proteção e do devido processo da Constituição norte-americana, não na garantia de liberdade religiosa dada pela Primeira Emenda. Na verdade, a Corte não teve escolha. Os adversários da homossexualidade e do aborto muitas vezes citam a vontade de um deus como garantia de sua posição, mas isso nem sempre acontece; e, como eu já disse, poucos homens e mulheres que gostariam de tomar eles próprios suas decisões sobre esses assuntos entendem que esse desejo é fundamentado na religião. Se, porém, deixando de lado o estado atual do direito constitucional norte-americano, tratarmos a liberdade religiosa como uma parte da independência ética, a posição liberal tornar-se-á obrigatória, assim como a igualdade de gêneros no que diz respeito ao casamento. Já defendi essas teses em outras obras, e, embora mesmo estas declarações sumárias já sejam o bastante para provocar perplexidade, não vou repetir nem desenvolver aqui meus argumentos[19].

Em 2009, um referendo realizado na Suíça tomou uma decisão que chocou o mundo. Os cidadãos suíços emendaram sua Constituição para proibir a construção de minaretes em qualquer lugar do país. O governo federal e a Igreja Católica, entre muitas outras instituições, se opuseram à proibição, mas ela ganhou por ampla maioria no referendo. Um dos principais defensores da proibição afirmava que, visto que a religião islâmica não exige a construção de minaretes nas mesquitas, a proibição não poderia ser considerada uma violação da liberdade religiosa. Se concebermos a liberdade religiosa como um direito especial cuja temática é a religião e nada mais, o

---

[19] Ver Ronald Dworkin, *Life's Dominion: An Argument about Abortion, Euthanasia, and Individual Freedom* (Nova York: Alfred A. Knopf, 1993)[*Domínio da vida: aborto, eutanásia e liberdades individuais*. São Paulo: Martins Fontes, 2003]), e Ronald Dworkin, *Is Democracy Possible Here?* (Princeton, NJ: Princeton University Press, 2006). A questão do aborto é mais complexa do que dou a entender aqui, pois minha opinião se baseia na tese – defendida nesses livros – de que o feto não goza de direitos próprios antes de alcançar um estágio avançado de desenvolvimento neurológico.

fato – se é que é mesmo um fato – de a construção de minaretes não ser um dever religioso pode parecer pertinente. Se, porém, concebermos a liberdade religiosa como caso central de um direito mais geral à independência ética, esse fato perde toda a sua pertinência. Ninguém que esteja familiarizado com a controvérsia poderá duvidar de que o resultado do referendo exprimiu uma condenação geral à religião e à cultura do islamismo, declarando guerra contra o ideal igualitário de independência ética.

Termino este capítulo com uma esperança, ou mesmo, caso o leitor não se oponha, com uma oração. Neste livro, afirmo que os seres humanos partilham um impulso religioso fundamental, que se manifesta na forma de diversas convicções e emoções. Ao longo da maior parte da história, esse impulso gerou dois tipos de convicções: a crença numa força sobrenatural inteligente – um deus – e um conjunto de convicções éticas e morais profundas. Esses dois tipos de crença são consequências da atitude mais fundamental, mas são independentes um do outro. Por isso, os ateus podem aceitar os teístas como companheiros de suas ambições religiosas mais profundas. Os teístas, por sua vez, podem aceitar que os ateus têm tanta fundamentação quanto eles próprios para ter suas convicções morais e políticas. Ambos os lados podem aceitar que aquilo que ora lhes parece um abismo completamente intransponível é apenas uma hermética discordância científica, que não tem implicações morais ou políticas. Ou, pelo menos, um número muito maior de teístas e ateus poderá aceitar essas ideias. Será que estou esperando demais? Provavelmente.

4

MORTE E IMORTALIDADE

Devo dizer algo sobre a morte, embora não pretenda falar muito. Quando alguém disse a Woody Allen que ele continuaria vivo em sua obra, ele respondeu que preferiria continuar vivo em seu apartamento. A maioria das religiões teístas propagandeia a esperança de algo que parece ainda melhor: uma vida eterna em circunstâncias inimaginavelmente maravilhosas – e literalmente inimagináveis. Grandes pintores mostram as almas boas subindo como balões de hélio, e cartunistas populares desenham pessoas comuns sentadas em nuvens ou argumentando com um homem de barbas brancas que segura uma chave na mão. Essas tolices são inevitáveis, porque a questão de saber o que a vida após a morte realmente significa não pode sequer começar a ser respondida. Não obstante, a simples oferta de algo assim aumenta, sem dúvida, o apelo das religiões que a fazem. A vida após a morte não precisa ser imaginável – não temos de decidir qual será o nosso aspecto, se poderemos ver sem olhos e nos mover sem membros ou do que nos lembraremos, se é que nos lembraremos de alguma coisa –, pois o apelo intensamente visceral da ideia de sobrevivência póstuma é totalmente negativo. A vida após a morte, na verdade, só significa algo – qualquer coisa – que *não* seja o que nos apavora desesperadamente: a aniquilação total e absoluta de todas as coisas, ela mesma inimaginável.

Entretanto, será que um deus é realmente necessário para proporcionar algum tipo de alternativa – qualquer tipo – à aniquilação total? Um deus será necessário se a vida após a morte for um milagre, pois só um deus pode fazer milagres. Mas por que não poderia haver uma alternativa ao desaparecimento total que fosse um fato natural, como os fenômenos das flutuações quânticas que, segundo hoje se afirma, fizeram com que um universo surgisse do nada? A teoria quântica está cheia de coisas que em outra época seriam consideradas milagres: um gato numa caixa fechada, por exemplo, que não está nem vivo nem morto até a caixa ser aberta. Podemos tentar imaginar uma substância mental particular de cada ser humano, uma para cada um, que emana constantemente de seu cérebro para o espaço e cuja somatória, em incontáveis *quanta* independentes, sobrevive à morte do cérebro. Uma alma estranha, mas natural? E depois? Talvez a reencarnação, favorecida por algumas tradições religiosas: a alma natural, de algum modo, se reconstitui num cérebro diferente, nascente. Ou, quem sabe, simplesmente perdure na forma de *quanta* independentes até o fim do universo. Ou talvez sobreviva mesmo à morte do universo, sendo transmitida para novos universos que surgem. São ideias fantásticas, mas a física por si só já se tornou fantástica. A mecânica quântica não é um milagre que pressupõe a existência de um deus, pois não implica uma violação das leis naturais. Pelo contrário, nossos cientistas lutam para encontrar uma lei natural em que a mecânica quântica possa se encaixar. Concordo que a possibilidade de a alma natural de cada pessoa sobreviver na forma de fragmentos quânticos não é nem um pouco reconfortante. No entanto, se tudo o que realmente desejamos é não sermos transformados em nada, esta alternativa pelo menos garantiria isso.

Ou seja, a vida após a morte não depende necessariamente de milagres. A ciência de uma religião sem deus pode proporcionar, de modo diferente, tudo o que a ciência das religiões com deus pode propor na prática. Mas devemos observar, agora, que um deus pode ser considerado essencial para a ideia de uma vida após a morte por uma razão muito diferente. Toda tradição que propõe uma vida após a morte condiciona essa proposta a um julgamento moral e ético. As pessoas só sobem para o céu se tiverem vivido bem; a alternativa é o inferno – uma eternidade de fogo e tormentos. A flutuação quântica não pode proporcionar um julgamento, pois para tanto é preciso uma inteligência discriminativa e, logo, segundo parece, um deus que imponha do alto o seu próprio julgamento. Mas por que tal julgamento final seria necessário ou desejável? Por que a vida eterna deve ser condicionada ao comportamento da pessoa? Um teísta que adora o Deus da Capela Sistina, por mim descrito no capítulo 1, talvez diga: o julgamento é necessário porque esse deus quer que as pessoas vivam bem suas vidas mortais e, por isso, proporciona-lhes como incentivos a cenoura do céu e o porrete do inferno. Mas isso parece estranho: supostamente, um deus que quer que as pessoas vivam bem também espera que elas o façam por respeito pela sua própria vida, ou talvez por amor ao deus ou às outras pessoas. Seria incompatível com qualquer objetivo que possamos sensatamente atribuir ao Deus da Capela Sistina (e não aos deuses pagãos) supor que ele se contentasse com uma obediência motivada pelo medo.

Para chegar a uma resposta plausível, temos de inverter a ordem de uma inferência que há muito tempo parece natural. Supusemos que o julgamento é necessário porque existe um deus punitivo. Devemos pensar, antes, que um deus é necessário porque a sua existência torna o julgamento possível. Tomamos consciência da nossa mortalidade de diversas maneiras, mas, para aqueles que adotam a atitude religiosa que descrevi no capítulo 1, uma dessas maneiras envolve essencialmente um julgamento. Pensamos que, por sermos mortais, o modo como vivemos é importante; como se costuma dizer, o que fazemos da nossa vida é importante. Concebemos nossa vida, em seu conjunto, como algo que nós mesmos construímos por meio de nossas decisões e da sorte que nos coube, e queremos que essa criação nossa seja boa. Nem todos, é claro, adotam essa atitude religiosa, pelo menos conscientemente; com efeito, muitos dizem que são céticos quanto à própria ideia de que uma vida possa ser boa ou ruim e não simplesmente longa ou curta, agradável ou infeliz. Mas os que adotam tal atitude precisam de um padrão que os oriente em suas ambições éticas. O Deus da Capela Sistina proporciona a esses crentes uma resposta imediata. Esse deus estipulou cânones de bem viver, nos textos sagrados, e, além disso, pelo menos para alguns adoradores mais devotos, oferece respostas mais diretas por intermédio de percepções ou apreensões religiosas, talvez como resposta a súplicas na prece. Se entendermos o bem viver como um fim em si mesmo, a função inicial e principal de tal deus não é a de recompensar e punir, mas de instruir, guiar e julgar. Os que abraçaram o Deus da Capela Sistina sabem em seus corações, por meio da graça desse deus, o que é viver uma vida verdadeiramente bem-sucedida.

Entretanto, até esses crentes confrontam-se com o aparente dilema descrito por Platão no *Eutífron*. Acaso o Deus da Capela Sistina cria o reto padrão de bem viver por simples *fiat*? Nesse caso, não podemos realmente pensar que tornamos boa a nossa vida pelo simples fato de termos obedecido a esse *fiat*. Simplesmente vivemos como nosso deus queria que vivêssemos. Isso pode ser importante para nossa segurança temporal e eterna, mas não é importante do ponto de vista moral e ético. Ou existe um padrão independente e objetivo do bem viver? Nesse caso, o Deus da Capela Sistina tem uma opinião, entre outras, sobre qual é esse padrão. É possível pensar que temos boas razões para crer que a opinião desse deus é provavelmente melhor que a nossa. Todavia, o indispensável não é esse juízo acerca de uma suposta perícia moral e ética, mas o juízo necessariamente anterior, de que existe uma verdade moral e ética objetiva que pode ser o objeto da perícia de alguém. E esse juízo anterior não depende de nenhum pressuposto teísta. Está igualmente disponível aos teístas e aos ateus – desde que esses ateus sejam ateus religiosos.

Esse é o ponto crucial. A questão mais fundamental e importante do impulso de viver bem é a convicção de que existe, de modo independente e objetivo, um jeito certo de viver. É isso que está no centro daquilo que, no capítulo 1, chamei de atitude religiosa perante a vida. Essa atitude não é acessível a um naturalista, para quem a realidade se resume à matéria e à mente, para quem os valores ou são ilusões ou são ficções construídas a partir da mente e da matéria. Neste aspecto mais fundamental de todos, os teístas e os ateus religiosos estão de acordo. A existência ou a não existência de um deus não tem participação nenhuma no sentimento de valor que os une. O que os separa é a ciência: eles discordam acerca de qual é a melhor explicação das verdades da matéria e da mente, mas disso não decorre, absolutamente, que discordem acerca das outras verdades do valor.

Como devemos entender a ideia de imortalidade? Em seu sentido literal, ser imortal é viver para sempre, talvez num Olimpo, ou mesmo num apartamento. Mas nada, nem mesmo o mais benévolo Deus da Capela Sistina, nos dará isso. Os acólitos desse deus falam de uma vida nas nuvens, mas não é possível realmente entender essa ideia. Ela é apenas uma negação – não caímos no nada – e, assim, não é uma teoria da imortalidade, mas apenas algo que abre caminho e deixa espaço para tal teoria. Acabamos de imaginar outro modo de continuidade: as partículas quânticas de uma substância mental que antes fazia parte de você e agora flutua livre pelo universo. Podemos estipular que isso ou algo parecido é uma forma de imortalidade. Mas por que faríamos essa estipulação? Qualquer explicação plausível de como devemos entender a imortalidade deve apresentá-la como algo desejável: algo que tenha valor para nós. Um amontoado de partículas quânticas mentais dispersas não chega a esse ponto.

Para onde mais devemos nos voltar? O admirador de Woody Allen talvez tivesse em mente uma de duas coisas. Talvez quisesse dizer que Allen, como Homero e Shakespeare, será lembrado por muitos séculos. Mas é possível que não: por melhor que Allen seja, ele talvez venha a ser esquecido, como aconteceu a muitos outros gênios da comédia extremamente elogiados em sua época. E é claro que, à medida que a espécie for evoluindo, ou nosso planeta for se consumindo, até a reputação daqueles gigantes deixará de existir. Contudo, talvez o admirador tivesse em mente algo muito diferente: não uma previsão, mas uma avaliação. Talvez tenha querido dizer que os filmes de Allen constituem uma conquista atemporal, que nem a evolução, nem a história, nem o destino podem mudar: como outras obras de arte, encontram-se como que fora do tempo pelo simples fato de terem sido feitos, quer continuem sendo admirados ou não, e mesmo que sequer sobrevivam.

Podemos pensar assim sobre uma vida. Os poetas românticos diziam que devemos fazer da nossa vida uma obra de arte. Talvez só estivessem pensando nos artistas ou em outras pessoas especialmente criativas. Mas o que disseram pode ser aplicado a qualquer vida vivida por uma pessoa que, de modo consciente, a viva supondo ser ela bem vivida de acordo com uma concepção plausível do que significa bem viver. A pessoa faz da sua vida uma obra de arte quando vive bem e ama bem em sua família ou em sua comunidade, mesmo que não tenha nenhuma fama nem qualquer realização artística.

> Acaso tudo isto lhe parece tolo? Mero sentimentalismo? Quando executamos bem alguma coisa menor – quando tocamos uma música, representamos um papel, jogamos uma partida, lançamos uma bola em curva, fazemos um comentário espirituoso, construímos uma cadeira, escrevemos um soneto ou fazemos amor –, nossa satisfação é completa em si

mesma. Todas essas coisas são realizações dentro da vida. Por que a vida também não pode ser uma realização completa em si mesma, dotada de valor próprio na arte de viver assim demonstrada?[1]

Se aspiramos a esse tipo de realização, como creio que devemos aspirar, podemos tratá-la como uma espécie de imortalidade. Encaramos a morte acreditando que fizemos algo de bom em resposta ao maior desafio enfrentado pelos mortais. Talvez isso não seja suficiente para você; talvez não alivie nem um pouco o medo que enfrentamos. Mas é o único tipo de imortalidade que podemos imaginar ou, pelo menos, o único tipo que nos cabe, de algum modo, querer. Essa convicção não pode ser senão religiosa, e está disponível para você independentemente de qual seja o segmento da religião – teísta ou ateísta – do qual você decida fazer parte.

---

[1] Estou citando o que eu mesmo escrevi em *Justice for Hedgehogs* (Cambridge, MA: selo Belknap Press da Harvard University Press, 2011), pp. 198-9. [*A raposa e o porco-espinho*, p. 303].

ÍNDICE REMISSIVO

aborto, direito ao, e liberdade religiosa, 90-1, 103-4-2, 122
acidente, o cosmos como, e o universo que "simplesmente é", 65-70
   adoção, liberdade religiosa e os casais homossexuais, 107, 116
Agostinho, Santo, 75
Allen, Woody, 125, 131-2
Anselmo, Santo, 75
antrópico, princípio, 81-2
Aristóteles, 75
arte e literatura, inevitabilidade e beleza em, 85-8. *Ver também* beleza
Ataturk, Kemal, 119
ateísmo, ascensão do, 9-10. *Ver também* ateísmo religioso
ateísmo religioso, 3-38; e a realidade independente do valor, 11-
   -20; e a vontade criativa inteligente, 27-8; não é um paradoxo, 7; e os deuses pessoais e impessoais, 27-38; e as religiões teístas, 20-6; valor e propósito da vida humana, crença no, 3-10
atitude religiosa, 11-20, 22-3, 124; e a fé na objetividade dos valores, 3, 17, 26; e a beleza intrínseca da natureza, 12, 22-3; e o valor intrínseco da vida humana, 11-2, 22-3; e a rejeição do naturalismo, 14

beleza: e discordância, 17; e a inevitabilidade na arte, na literatura
    e na música, 84-8; e naturalismo, 39; o ateísmo religioso
    e a crença na beleza intrínseca da natureza, 12, 22-3, 39;
    e pesquisa científica, 46-56; sensorial e intelectual, 56-9; e
    simetria, 59-65; no universo, 41-6. *Ver também* universo,
    beleza no
bem viver: ateus e teístas sobre a importância do, 4-5-, 10; o papel
    de Deus no, 127-9; o papel do Estado no, 97-8, 110; e imor-
    talidade, 131-3; e naturalismo, 13; padrão objetivo de, 22-3,
    130; e liberdade religiosa, 103-5, 110-1, 120-1
Big Bang, 67, 79-80
bóson de Higgs, 51
burca e véu, a liberdade religiosa e o uso de, 117-9

casais homossexuais, liberdade religiosa e adoção, 107, 116. *Ver
    também* prática homossexual
conceitos interpretativos, 8, 92-3
Constituição dos Estados Unidos, Primeira Emenda à, 90, 97-8,
    102-3, 106-8, 122. *Ver também* Suprema Corte dos Estados
    Unidos
Convenção Europeia dos Direitos Humanos, 89-90
cordas, teoria das, 51-2, 78-9
criacionismo. *Ver design* inteligente, ensino do, nas escolas públicas

Darwin, Charles, teoria da evolução, 17-9, 120-2
Dawkins, Richard: sobre Einstein, 7; *The God Delusion*, 9; sobre o
    naturalismo, 13; sobre o panteísmo, 37-8

Declaração Universal dos Direitos Humanos da Organização das Nações Unidas, 89
design inteligente, ensino do, nas escolas públicas, 107-9, 119-22; e o igual respeito pelos cidadãos, 98
determinismo e inevitabilidade, 70-3
Deus: impessoal, 28-38; e o panteísmo, 35-8; e o ateísmo religioso, 38; da Capela Sistina, 29, 47, 128-31; independência dos valores em relação a, 23-6
Deus Marcador de Página, 29
Deus da Capela Sistina: e a beleza, 47; e o teísmo contemporâneo, 29; julgamento e imortalidade, 128-31
deuses pagãos, 28-9
deuses pessoais e não pessoais, 28-38
direitos especiais, liberdade política e liberdade religiosa, 109-10, 111-6

Einstein, Albert: sobre a beleza e o mistério na natureza, 41-4; sobre a gravidade, 50-1; sobre um deus pessoal, 30, 32-3; sobre a religiosidade e o valor, 4-5, 7-8; e a estrutura do universo, 72; e a simetria, 61-2; Tillich sobre, 32-3; Weinberg sobre, 83
elemento de ciência e elemento de valor das religiões teístas, 20-6
Employment Division, Department of Human Resources of Oregon vs. Smith, 106, 114-5
epistemologia científica "dependente de um modelo", 48-9
Espinosa, Baruch de, 33-8
Eutífron (Platão), 129
evolução, ensino da teoria darwiniana da, 107-9, 121-2

fé e convicções sobre valores, 17-20. *Ver também* valor e valores
Feynman, Richard, 66-7
Fígaro (Mozart), 86
física: beleza na, 41-58, 83; busca de integridade na, 73-4, 77-9, 81--3; integridade forte da, 77-80; e simetria, 60-4

Gell-Mann, Murray, 55
Gleiser, Marcelo, 53, 57
gravidade e integridade interna na física, 50-2, 62
Greene, Brian, 62, 65
Gross, David, 61-2
guerras de religião, 9-10; independência ética, liberdade religiosa e, 116-24; e o imperativo da tolerância religiosa, 93-4

Hampshire, Stuart, 36
Hawking, Stephen, 48-9
humanismo secular, 6
Hume, David, 24-5

Igreja Nativa Americana, liberdade religiosa e uso de peiote, 106, 114-5
imortalidade, 125-33; e a fuga da aniquilação, 125-6; e os julgamentos do Deus da Capela Sistina, 127-31; e o legado de uma vida bem vivida, 131-3; não depende de um milagre, 126-7
independência ética e liberdade religiosa, 110-24
inevitabilidade e a teoria final da física, 70-88
integridade blindada, 73-83. *Ver também* integridade; física

integridade: na arte, 84-8; e inevitabilidade, 73-88; da matemática, 76; na física, 73-9; na esfera do valor, 76-7; blindada, 74
interações nucleares e a integridade interna na física, 50, 62, 78
islamismo: e a proibição do uso do véu, 117-9; e a proibição dos minaretes, 117, 123-4

James, Henry, 86-7
James, William, sobre a experiência religiosa, 5, 8, 12

Keats, John, 46, 47-8
Kepler, Johannes, 47

Lei de Restauração da Liberdade Religiosa, 114-5
Leibniz, Gottfried, 66-7, 74
liberdade de expressão como um "direito especial", 111-2
liberdade religiosa, 89-124; e um conceito mais amplo de religião, 90-8; conflitos no direito à, 105-9; proteções constitucionais da, 89-90; definição funcional e definição substantiva, 100-2; neutralidade do Estado em face das convicções sobre a vida e as responsabilidades do viver, 99-105; independência ética e direitos especiais como dois elementos da liberdade política, 109-16; e as guerras religiosas entre crentes e descrentes, 116-24; e os elementos de ciência e de valor da religião, 95-7
literatura e arte, inevitabilidade e beleza em, 85-8
Locke, John, 91

matemática: e concordância, 17-8; e beleza, 59, 64, 88; validação da, 16; e fé, 17-8; integridade blindada da, 76-7

modelo-padrão (física), 51-2, 62; e integridade, 77
morte. *Ver* imortalidade
Mozart, Wolfgang Amadeus, 86
multiverso, hipótese do, 80-2
Musser, George, 71, 78-9

Nadler, Stephen, 35
Nagel, Thomas, 108-9
naturalismo e naturalistas, 13-4; sobre a beleza e a verdade, 39, 41, 46-7, 83-4; negação do realismo axiológico, 130
natureza, tese da identidade entre Deus e a, 34-8
numinosa, experiência, 19, 37-8; Otto sobre a, 19-20; Tillich sobre a, 31-3

objeção de consciência, 6, 96, 100-1
oração nas escolas públicas, 97-8, 117, 119
Otto, Rudolf, 19

panteísmo, 35-8
peiote, liberdade religiosa e uso ritual do, 106, 114-5
pesquisa científica, papel da beleza na. *Ver* beleza; universo, beleza no humanismo secular, 6
Planned Parenthood of Southeastern Pennsylvania vs. Casey, 103
Platão, 41, 129
prática homossexual e liberdade religiosa, 97, 98, 122-3. *Ver também* casais homossexuais, liberdade religiosa e adoção
propósito da vida humana, 3-10-8. *Ver também* bem viver

quarks, 42, 45, 55, 78

razão suficiente, princípio da, 66
realismo axiológico fundamentado, 14, 21, 39
realismo axiológico não fundamentado, 15, 21, 76
religião: como conceito interpretativo, 8; uso metafórico do termo, 6; elemento científico e elemento de valor, 10, 20-3
religiões teístas: elemento de ciência e elemento de valor nas, 20-6
Russell, Bertrand, 66-7

Sagan, Carl, 39
Sagrada Família (Rafael), 100
Seeger, Daniel Andrew, 100-1
Shelley, Percy Bysshe, 5
simetria: e a teoria final, 51, 59-65; e a integridade forte, 78
Suíça, proibição de minaretes na, 117, 123-4
Suprema Corte dos Estados Unidos: e a liberdade religiosa, 6, 8, 96, 100-1, 102-4, 114-5, 119, 122. *Ver também* Constituição dos Estados Unidos

teoria final da física: e a beleza, 58, 62-3; impossibilidade da, 69-70; e inevitabilidade, 83; e integridade, 73-4; busca da, 51-3
teoria quântica da gravidade. *Ver* gravidade e a integridade interna na física
Tillich, Paul, 31-3, 37
Torcaso vs. Watkins, 6, 104
Turquia, proibição do véu na, 118-9

United States vs. Seeger, 6, 100-1
universo, beleza no, 39-88; hipótese do acidente e o universo que "simplesmente é", 65-70; papel da beleza na pesquisa científica, 44-52; crença na beleza do universo como elemento fundamental da atitude religiosa,11-2; presunção dos cientistas de uma beleza final do universo e busca dessa beleza, 52-6; e inevitabilidade, 70-83; e integridade, 83-8-; fé religiosa e científica na, 39-46; e simetria, 59-65

valor e valores: os ateus e a metafísica do, 12-20; juízos nodais sobre, 11-2; fundamentados e não fundamentados, 13-5, 21; e o princípio de Hume, 24-5; como elemento não científico das religiões teístas, 20-6; e a experiência numinosa, 19, 32; objetivos, 3-4, 11-2, 18, 19-20, 130; e a atitude religiosa, 25-8; e a integridade blindada, 76-7; e a visão comum que ateus e teístas têm a respeito do propósito da vida humana, 3-10
Voltaire, 66
vontade criativa inteligente e ateísmo religioso, 27-8

Weinberg, Steven, 44-5-, 53, 73, 85

Zee, Anthony, 60